Basiswissen

Sachenrecht

2015

Dr. Till Veltmann
Rechtsanwalt und Notar
Fachanwalt für Arbeitsrecht

ALPMANN UND SCHMIDT Juristische Lehrgänge Verlagsges. mbH & Co. KG
48143 Münster, Alter Fischmarkt 8, 48001 Postfach 1169, Telefon (0251) 98109-0
AS-Online: www.alpmann-schmidt.de

Dr. Veltmann, Till

Basiswissen
Sachenrecht

3. Auflage 2015
ISBN: 978-3-86752-391-2

Verlag Alpmann und Schmidt Juristische Lehrgänge
Verlagsgesellschaft mbH & Co. KG, Münster

Unterstützen Sie uns bei der Weiterentwicklung unserer Produkte.
Wir freuen uns über Anregungen, Wünsche, Lob oder Kritik an:
feedback@alpmann-schmidt.de

Überblick 1

Überblick

Mit diesem Skript geben wir Ihnen einen Überblick über die Regelungen des Mobiliarsachenrechts und der für alle Sachen geltenden Regeln und statten Sie mit dem „Rüstzeug" für Ihre Sachenrechtsklausuren aus.

Das Sachenrecht ist in den §§ 854–1296 geregelt. Nur Regelungen zu der Frage, was eine „Sache" i.S.d. BGB ist, finden sich im Allgemeinen Teil (§§ 90–100), weil dieser Begriff für alle Rechtsgebiete des BGB gleichermaßen gilt.

Das Sachenrecht lässt sich in drei Themenbereiche einteilen:

■ Das Recht der **beweglichen Sachen,**

■ das **Grundstücksrecht** sowie

■ **allgemeine Vorschriften**, die sowohl für bewegliche Sachen als auch Grundstücke gelten.

Beispiel: Eine **bewegliche Sache** wird gemäß § 929 S. 1 durch Einigung und Übergabe übereignet, eine unbewegliche Sache, also ein **Grundstück**, wird gemäß §§ 925, 873 durch eine Auflassung und die Eintragung ins Grundbuch übereignet. Der Herausgabeanspruch des Eigentümers gegenüber dem unrechtmäßigen Besitzer aus § 985 gilt **sowohl für bewegliche Sachen als auch für Grundstücke**.

Wir behandeln in diesem Skript das **Recht der beweglichen Sachen (1. Teil)** und dann die **allgemeinen Vorschriften (2. Teil)**.

Für das Verständnis des Sachenrechts sind einige Grundbegriffe und Grundprinzipien wichtig, die wir „vor die Klammer" ziehen wollen:

I. Grundbegriffe

Die für das Sachenrecht prägenden Grundbegriffe lassen sich am besten an der in Klausuren wohl am häufigsten zu prüfenden Anspruchsgrundlage, § 985, erklären: Nach § 985 kann der **Eigentümer** von dem **Besitzer** die Herausgabe der **Sache** verlangen. Zu beachten ist aber auch § 986: Danach kann der Besitzer die Herausgabe verweigern, wenn er ein **Recht zum Besitz** hat.

Zunächst werden hier nur Grundzüge dargestellt. Details zu den einzelnen Begriffen und dem Anspruch aus § 985 folgen später!

Herausgabeanspruch aus § 985:
1. Anspruchsteller = **Eigentümer**
2. Anspruchsgegner = **Besitzer**
3. Besitzer hat **kein Recht zum Besitz**, § 986

1

1. Sache

Was eine Sache ist, ist in § 90 legaldefiniert, nämlich ein **körperlicher Gegenstand**. Damit man von einem körperlichen Gegenstand sprechen kann, sind zwei Voraussetzungen erforderlich: Der Gegenstand muss **sinnlich wahrnehmbar** und **räumlich begrenzt** sein.

Sache = körperlicher Gegenstand

Beispiele: Forderungen sind keine Sachen, da man sie nicht wahrnehmen kann. Strom und fließendes Wasser kann man zwar wahrnehmen, es fehlt aber an einer räumlichen Begrenzung.

Tiere: § 90 a

Auch **Tiere** sind keine Sachen, die für Sachen geltenden Vorschriften werden auf sie jedoch entsprechend angewandt, **§ 90 a**.

Sache kann sowohl ein **Grundstück** (man spricht dann auch von einer **unbeweglichen Sache** oder **Immobilie**) als auch eine **bewegliche Sache** sein.

! *Zu einem Grundstück gehören gemäß §§ 93–95 z.B. auch **Gebäude**. Will man also ein Gebäude übereignen, muss man „nur" das Eigentum an dem Grundstück übertragen – das Gebäude gehört untrennbar dazu.*

2. Eigentum

Eigentum: **Rechtliche** Beziehung zwischen Person und Sache

Das Eigentum ist das umfassendste dingliche Recht. Der Eigentümer ist nach **§ 903** befugt, mit einer Sache nach Belieben zu verfahren und andere von jeder Einwirkung auszuschließen. Das Privateigentum ist als Institut verfassungsrechtlich durch Art. 14 Abs. 1 S. 1 GG gewährleistet. Alle anderen dinglichen Rechte sind nur einzelne „Tortenstücke", die aus dem „Kuchen" des Eigentums herausgeschnitten worden sind. Sie werden deshalb auch als beschränkt dingliche Rechte bezeichnet.

Beispiel: Der Eigentümer darf seine Sache grundsätzlich selbst nutzen. Will er das Nutzungsrecht vom Eigentum abspalten und einem Dritten einräumen, kann er diesem ein Nießbrauchsrecht gewähren. Natürlich kann er das Nutzungsrecht dinglich auch behalten und dem anderen nur ein schuldrechtliches Nutzungsrecht einräumen, z.B. durch Abschluss eines Miet- oder Pachtvertrags.

3. Besitz

Besitz: **Tatsächliche** Beziehung zwischen Person und Sache

Während das Eigentum eine rechtliche Beziehung zwischen einer Person und einer Sache beschreibt, bedeutet Besitz eine **tatsächliche Beziehung zwischen einer Person und einer Sache**. Besitzer ist, wer nach der Verkehrsanschauung die tatsächliche Gewalt über eine Sache ausübt oder für sich ausüben lässt. Besondere Bedeutung hat die Unterscheidung zwischen unmittelbarem und mittelbarem Besitz:

Unmittelbarer Besitzer ist, wer **selbst** die tatsächliche Gewalt (tatsächliche Sachherrschaft) über die Sache ausübt, § 854 Abs. 1.

Unmittelbarer Besitz

Mittelbarer Besitzer ist, wer die tatsächliche Sachherrschaft **durch einen anderen** aufgrund eines Rechtsverhältnisses für sich ausüben lässt, § 868. Dieses Rechtsverhältnis nennt man auch **Besitzkonstitut**. Beim mittelbaren Besitz sind also stets (mindestens) zwei Besitzer vorhanden:

Mittelbarer Besitz

■ Der unmittelbare Besitzer, der die tatsächliche Sachherrschaft nicht für sich, sondern für einen anderen ausübt (der Besitzmittler), und

■ der mittelbare Besitzer, für den aufgrund eines Rechtsverhältnisses die Sachherrschaft ausgeübt wird.

Beispiel: Eigentümer E vermietet eine ihm gehörende Wohnung an Student S. Student S ist unmittelbarer Besitzer der Wohnung: Er hat die Schlüssel zu der Wohnung und übt die unmittelbare Gewalt über die Wohnung aus. Allerdings besitzt S die Wohnung nicht „für sich", so als wäre er Eigentümer, sondern er besitzt die Wohnung „für E". E ist damit mittelbarer Besitzer der Wohnung.

4. Besitzrecht

Auch wenn die Voraussetzungen des § 985 vorliegen, ist der Herausgabeanspruch ausgeschlossen, wenn der Besitzer dem Eigentümer gegenüber ein Recht zum Besitz hat. Es kann sich um ein **eigenes** Besitzrecht (§ 986 Abs. 1 S. 1 Alt. 1) oder ein **abgeleitetes** Besitzrecht (§ 986 Abs. 1 S. 1 Alt. 2) handeln.

Eigenes oder **abgeleitetes** Recht zum Besitz

Beispiel: Der Mieter M hat gegenüber dem Eigentümer E ein eigenes schuldrechtliches Besitzrecht aus dem Mietvertrag. Ist in dem Mietvertrag zwischen E und M die Untervermietung gestattet, leitet der Untermieter U des M, der den E gar nicht kennt, sein Besitzrecht gegenüber E von M ab.

Als Besitzrechte kommen dingliche und obligatorische (schuldrechtliche) Rechte in Betracht.

Dingliches oder **obligatorisches** Recht zum Besitz

Der Inhaber eines **dinglichen Besitzrechts** ist zum Besitz berechtigt, unabhängig davon, ob er die Sache vom Eigentümer erhalten hat oder nicht.

Beispiel: Der Inhaber eines Pfandrechts an einer Sache hat ein Recht zum Besitz. Er muss die Sache erst nach Erlöschen des Pfandrechts zurückgeben (§ 1223 Abs. 1, lesen!). Dies gilt unabhängig davon, ob der Eigentümer die Sache verpfändet hat oder ob der Pfandgläubiger das Pfandrecht gutgläubig von einem Dritten erworben hat, §§ 1207, 932 ff.

Der Besitzer, der mit dem Eigentümer einen **schuldrechtlichen Vertrag** abgeschlossen hat, ist zum Besitz berechtigt, wenn ihm aufgrund des Vertrags die Sache auf Zeit überlassen worden oder der schuldrechtliche Vertrag auf Übertragung der Sache gerichtet ist.

Beispiel: Der Mieter/Pächter darf während der Vertragsdauer die Sache besitzen. Erst nach Ablauf der vertraglich vereinbarten Miet- oder Pachtzeit oder durch Kündigung endet das Besitzrecht.

Gegenbeispiel: Der Verwahrer hat kein Recht zum Besitz gemäß § 986, denn der Eigentümer kann jederzeit die Herausgabe verlangen (§ 695). Aus demselben Grund steht auch dem Entleiher kein Besitzrecht zu, wenn die Dauer der Leihe weder bestimmt noch aus dem Vertragszweck zu entnehmen ist, § 604 Abs. 3.

II. Grundprinzipien

1. Trennungsprinzip

Trennung von Verpflichtungs- und Verfügungsgeschäft

Das BGB unterscheidet zwei Arten von Geschäften: Das **Verpflichtungsgeschäft** und das **Verfügungsgeschäft**. Will man eine Sache erwerben, muss man zunächst einen Kaufvertrag schließen. Nach § 433 Abs. 1 S. 1 ist der Verkäufer dann **„verpflichtet"**, die Kaufsache zu übereignen. Eine Rechtsänderung an der Kaufsache wird durch den Kaufvertrag aber noch nicht herbeigeführt.

! *Merke: Durch das Verpflichtungsgeschäft werden Rechtspflichten oder Ansprüche begründet (vgl. §§ 241 Abs. 1, 194).*

Anschließend muss der Verkäufer seiner Verpflichtung nachkommen, also das Eigentum an der Kaufsache auf den Käufer übertragen. Dies macht er bei einer beweglichen Sache durch eine Übereignung nach § 929 S. 1.

! *Merke: Durch das Verfügungsgeschäft wird rechtsgeschäftlich auf ein bestehendes Recht eingewirkt, indem das Recht **aufgehoben, übertragen, belastet** oder **inhaltlich geändert** wird.*

! *Klausurtipp: Die vier unterschiedlichen Verfügungsarten finden Sie in den §§ 873, 875, 877.*

Beispiel: Das Trennungsprinzip wird deutlich bei einem Besuch im **McDonalds-Drive-In:**

- An der ersten Station, der **„Bestellsäule"**, sagt der Kunde, welchen Burger er haben möchte und der Mitarbeiter von McDonalds nennt einen Preis – es wird ein Kaufvertrag i.S.d. § 433 geschlossen.

- An der zweiten Station, dem **„Bezahlfenster"**, zahlt der Kunde; er übereignet Scheine und Münzen und erhält – wenn er nicht passend zahlt – Wechselgeld zurückübereignet, § 929 S. 1.

- An der dritten Station, dem „**Ausgabefenster**", erhält der Kunde den Burger – dieser wird ihm ebenfalls nach § 929 S. 1 übereignet.

Der **Sinn des Trennungsprinzips** besteht in folgendem: Der Gesetzgeber wollte, dass immer ganz klar ist, wer Eigentümer einer Sache ist. Deshalb gilt für Verfügungsgeschäfte der **Bestimmtheitsgrundsatz** (dazu gleich unten S. 6). Durch den Bestimmtheitsgrundsatz sollte der Abschluss von Verpflichtungsgeschäften aber nicht erschwert werden.

Trennungsprinzip soll Verpflichtungsgeschäfte erleichtern

Beispiel: K bestellt bei V im Internet ein neues iPhone. V hat 20 iPhones vorrätig. Der Kaufvertrag kommt wirksam zustande, ohne dass die Parteien – z.B. anhand der Seriennummer – bestimmen müssen, welches der 20 iPhones K kauft. Es handelt sich um einen Gattungskauf (§ 243), sodass V gemäß § 243 Abs. 1 ein iPhone mittlerer Art und Güte an K übereignen muss. Wären Verpflichtungs- und Verfügungsgeschäft nicht getrennt, müsste aber schon im Zeitpunkt des Kaufvertrags feststehen, welches konkrete iPhone K erhält – der Abschluss eines Kaufvertrags wäre unnötig kompliziert.

Das Trennungsprinzip erleichtert also den Abschluss schuldrechtlicher Verträge. Nur wegen des Trennungsprinzips kann z.B. auch eine noch gar nicht hergestellte Sache verkauft werden.

2. Abstraktionsprinzip

Das Abstraktionsprinzip baut auf dem Trennungsprinzip auf, geht aber noch einen Schritt weiter: Es besagt, dass Verpflichtungs- und Verfügungsgeschäft nicht nur getrennt sind, sondern auch **rechtlich unabhängig**. Ist das Verpflichtungsgeschäft unwirksam, kann das Verfügungsgeschäft wirksam sein und umgekehrt.

Verpflichtungs- und Verfügungsgeschäft sind rechtlich unabhängig.

Beispiel: A verkauft an B ein Auto. Dabei verspricht A sich bei der Preisangabe. B nimmt das Auto gleich mit. Eine Woche später bemerkt A den Irrtum und ficht den Kaufvertrag an. Der Kaufvertrag über das Auto ist von Anfang an unwirksam (§ 142). Die rechtlich unabhängige Übereignung bleibt aber wirksam. Der Irrtum des A über den Kaufpreis spielt bei der Übereignung keine Rolle, sodass die Übereignung auch nicht angefochten werden kann. B ist Eigentümer geworden. B soll natürlich das Auto jetzt nicht ohne Weiteres behalten dürfen. A kann das Auto nach § 812 zurückfordern.

Verpflichtungs- und Verfügungsgeschäft sind über das Bereicherungsrecht miteinander verknüpft.

Sinn des Abstraktionsprinzips ist es, den Rechtsverkehr zu schützen. Insbesondere ist es so möglich, dass der Erwerber trotz des unwirksamen Verpflichtungsgeschäfts als Berechtigter über die Sache verfügen kann. Außerdem kann ein Dritter die Sache selbst dann erwerben, wenn er die Unwirksamkeit des Verpflichtungsgeschäfts kennt. Das Abstraktionsprinzip gewährleistet, dass die dingliche Rechtslage von den Fehlern des Verpflichtungsgeschäfts „verschont" wird. Dazu gibt es natürlich Ausnahmen: Bei **Fehleridentität** können beide Geschäfte unwirksam sein.

Beispiel: A ist bei Abschluss des Geschäfts geschäftsunfähig. Sowohl der Kaufvertrag, als auch die Übereignung sind nach § 104 nichtig.

3. Absolutheit

Dingliche Rechte gelten gegenüber jedermann!

Schuldrechtliche Ansprüche gelten nur zwischen den Parteien des Schuldverhältnisses. Wenn A und B einen Kaufvertrag schließen, geht dies nur A und B etwas an. Dingliche Rechte wirken demgegenüber gegen jedermann. Wenn A dem B die Kaufsache übereignet hat, er also Eigentümer geworden ist, ist das Eigentum **absolut** – also gegenüber jedermann und nicht nur gegenüber A – geschützt. Wenn ein beliebiger Dritter die Sache beschädigt, steht B jetzt ein Schadensersatzanspruch nach § 823 Abs. 1 zu, nimmt ein beliebiger Dritter die Sache unberechtigt weg, kann B Herausgabe nach § 985 verlangen.

4. Numerus clausus und Typenzwang

Einschränkung der Vertragsfreiheit im Sachenrecht

Da Sachenrechte gegenüber jedermann gelten, muss auch für jedermann vorhersehbar sein, welchen Ansprüchen er ausgesetzt sein kann. Deshalb lässt das BGB nur eine begrenzte Anzahl von dinglichen Rechten zu. Es können auch keine neuen Rechtstypen durch Vereinbarung geschaffen werden **(Numerus clausus der Sachenrechte)**. Auch bei der Begründung und Ausgestaltung eines solchen Rechts sind die Parteien nicht frei, sondern an den im Gesetz bestimmten Inhalt gebunden **(Typenzwang)**. Insoweit ist die Vertragsfreiheit eingeschränkt.

5. Publizitätsprinzip (Offenkundigkeitsprinzip)

Da die Übertragung eines dinglichen Rechts wegen seiner Absolutheit nicht lediglich Wirkung für den Veräußerer und Erwerber des Rechts hat, sondern auch für Dritte, muss die Übertragung nach außen erkennbar sein (Publizitätsgrundsatz). Damit eine Übereignung nach außen erkennbar ist, ist bei einer beweglichen Sache in der Regel eine **Übergabe** erforderlich (§ 929 S. 1) und bei einem Grundstück eine **Eintragung in das Grundbuch** (§ 873).

6. Bestimmtheitsgrundsatz (Spezialitätsgrundsatz)

Wenn dingliche Rechte gegenüber jedermann wirken, ist erforderlich, dass die Sache, um die es geht, eindeutig bestimmt ist. Anders als bei Verpflichtungsgeschäften, bei denen die **Bestimmbarkeit** von Leistung und Gegenleistung ausreicht, muss die Sache daher **bestimmt** sein.

1. Teil: Bewegliche Sachen

Im 1. Teil wird es jetzt um das Recht der beweglichen Sachen gehen. Dabei steht das Eigentum an beweglichen Sachen im Mittelpunkt:

■ Im 1. Abschnitt geht es um den **rechtsgeschäftlichen Erwerb des Eigentums vom Berechtigten** nach den §§ 929 ff.

■ Im 2. Abschnitt stellen wir den **Erwerb des Eigentums vom Nichtberechtigten**, insbesondere den **gutgläubigen Erwerb** dar.

■ Im 3. Abschnitt folgen **gesetzliche Erwerbstatbestände** und der Erwerb durch Hoheitsakt.

■ Im 4. Abschnitt geht es um **bewegliche Sachen als Sicherungsmittel**, also

  ■ um den **Eigentumsvorbehalt** und das **Anwartschaftsrecht**,

  ■ die **Sicherungsübereignung** und

  ■ das **Pfandrecht** an beweglichen Sachen.

1. Abschnitt: Eigentumserwerb vom Berechtigten

Das Eigentum an einer beweglichen Sache kann auf verschiedene Arten von einer Person auf eine andere Person übergehen. Der wohl – in der Praxis und auch Klausuren – wichtigste Erwerbstatbestand ist die rechtsgeschäftliche Übereignung einer Sache. Das Eigentum an einer beweglichen Sache wird nach den §§ 929 ff. übertragen.

A. Übereignung nach § 929 S. 1

Den Grundtatbestand einer rechtsgeschäftlichen Übereignung enthält § 929 S. 1. Danach müssen sich Eigentümer und Erwerber über den Eigentumsübergang **einigen** und die Sache muss dem Erwerber **übergeben** werden.

Einigung und *Übergabe*

Soweit § 929 S. 1 davon spricht, dass die Einigung zwischen dem „Eigentümer" und dem Erwerber stattfinden muss, ist der Wortlaut etwas ungenau geraten: Es gibt Fälle, in denen auch ein Nichteigentümer eine Sache nach § 929 S. 1 übereignen kann, z.B. wenn der Eigentümer ihn nach § 185 Abs. 1 (lesen!) dazu ermächtigt hat. Umgekehrt kann manchmal selbst der Eigentümer eine Sache nicht übereignen, z.B. wenn ein Insolvenzverfahren über sein Vermögen eröffnet wurde (§ 81 Abs. 1 InsO). Es ist deshalb – abweichend vom Wortlaut des § 929 S. 1 – erforderlich, dass die Einigung zwischen dem Erwerber und einer Person erfolgt, die zur Übereignung **berechtigt** ist.

Berechtigung

Kein **Widerruf** der Einigung („**Einigsein**")

Haben die Parteien sich erst geeinigt und erfolgt die Übergabe später, darf die Einigung nicht **widerrufen** worden sein.

! *Oft wird dies als eigener Prüfungspunkt („Einigsein im Zeitpunkt der Übergabe") aufgeführt. Wir empfehlen aber, den Widerruf innerhalb des Prüfungspunktes „Einigung" zu prüfen: Auch eine etwaige Anfechtung wird dort geprüft. Es erscheint künstlich, den Widerruf an anderer Stelle gesondert zu prüfen, zumal ein Widerruf nur ganz selten einmal vorkommt.*

Daraus ergibt sich folgendes Aufbauschema:

Aufbauschema: Übereignung nach § 929 S. 1
I.   **Einigung** zwischen Veräußerer und Erwerber über den Eigentumsübergang
II. **Übergabe** der beweglichen Sache
III. **Berechtigung** des Veräußerers

I. Einigung

Geltung der allgemeinen Regeln für Verträge

1. Die Einigung i.S.d. § 929 S. 1 ist ein dinglicher **Vertrag**. Es greifen die für alle Verträge geltenden Regelungen des BGB AT ein:

■ Die Einigungserklärung jeder Partei muss den Erfordernissen einer **Willenserklärung** genügen: Der äußere Erklärungstatbestand muss auf den Willen, den Eigentumswechsel herbeizuführen, schließen lassen, und der Erklärende muss zumindest mit potenziellem Erklärungsbewusstsein gehandelt haben.

■ Die Erklärungen müssen durch **Abgabe und Zugang** wirksam geworden sein, **§ 130** – Ausnahme: Der Zugang der Annahmeerklärung kann gemäß **§ 151** entbehrlich sein.

■ Es gelten die Regeln über die **Stellvertretung**, insbesondere die **§§ 164 ff.**

! *Achtung: Das gilt aber nur für die Einigung. Auf die Übergabe als Realakt sind die Vorschriften nicht anwendbar. Hier ist die Einschaltung eines „Stellvertreters" komplizierter (dazu unten S. 13).*

■ Die Einigung kann den Eigentumswechsel nur herbeiführen, wenn **keine Unwirksamkeits- bzw. Nichtigkeitsgründe** vorliegen.

    ■ Eine besondere **Form** ist für die Übereignung einer beweglichen Sache nicht erforderlich (anders bei einem Grundstück, vgl. § 925 Abs. 1)

- Die Parteien müssen **geschäftsfähig** sein. Der Erwerb einer Sache ist allerdings in der Regel **lediglich rechtlich vorteilhaft** i.S.d. § 107, sodass ein beschränkt Geschäftsfähiger Eigentum auch ohne Einwilligung seines gesetzlichen Vertreters erlangen kann.

- Die Einigung kann **angefochten** werden, z.B. wegen widerrechtlicher Drohung, § 123, und ist dann ex-tunc nichtig, § 142 Abs. 1.

- Die Einigung kann gegen ein **gesetzliches Verbot** verstoßen (§ 134) oder **sittenwidrig** sein (§ 138).

■ Die Einigung kann **bedingt** oder **befristet** erklärt werden, §§ 158, 163. Dies hat besondere Bedeutung für den Eigentumsvorbehalt (dazu S. 61 ff.).

Achtung: *Die Einigung über die Übereignung eines Grundstücks (Auflassung) ist gemäß § 925 Abs. 2 bedingungsfeindlich. Bei einem Grundstück ist deshalb kein Eigentumsvorbehalt möglich.*   **!**

2. Bei einer Übereignung wird es häufig eine **konkludente** Einigung zwischen den Parteien geben.   Konkludente Einigung

Beispiel: Sie „kaufen" in der Bäckerei ein Brötchen. Die Verkäuferin legt das Brötchen – nachdem Sie es bezahlt haben – in einer Tüte auf die Ladentheke und Sie nehmen es mit. Die Verkäuferin bringt zum Ausdruck, dass sie das Brötchen an Sie übereignen möchte und Sie nehmen das Angebot an, indem Sie die Tüte mitnehmen. Keiner von Ihnen hat ausdrücklich etwas von „Übereignung" gesagt, es ist eine konkludente Einigung zustande gekommen.

Erklären die Parteien nicht ausdrücklich, dass sie eine Sache übereignen wollen, muss gemäß §§ 133, 157 durch **Auslegung** ermittelt werden, ob die Beteiligten den Eigentumswechsel wollen. In folgenden Fällen liegt regelmäßig eine konkludente Einigung vor:

■ Bei der **Übergabe** der geschuldeten Sache

■ Reguläres Betätigen eines **Warenautomaten**

■ Das Zusenden **unbestellter Ware** und deren **Benutzung** (beachte aber § 241a!)

■ In **Selbstbedienungsläden** liegt das Angebot bereits im Auslegen der Ware; der Kunde nimmt das Angebot durch Vorlegen der Ware an der Kasse an.

3. Aus dem Allgemeinen Teil wissen Sie, dass gemäß § 130 Abs. 1 eine Willenserklärung grundsätzlich mit ihrem Zugang wirksam wird. Ein Widerruf ist nur möglich, wenn dieser vorher oder gleichzeitig mit der Willenserklärung zugeht, § 130 Abs. 1 S. 2.   Widerruf der Einigung

Im Sachenrecht wird dieser Grundsatz durchbrochen. Aus dem Wortlaut des § 929 S. 1 („ ... und beide darüber einig sind ...") ist zu entnehmen, dass eine der Übergabe zeitlich vorangegangene Einigung zu diesem Zeitpunkt noch fortbestehen muss. Nach h.M. sind daher dingliche Einigungserklärungen **bis zur Vollendung des Rechtserwerbs durch Übergabe bzw. Übergabesurrogate grundsätzlich frei widerruflich.**

Darauf deutet auch ein Umkehrschluss aus § 873 Abs. 2 bzw. § 956 Abs. 1 S. 2 hin, wonach ausnahmsweise eine Bindung an die Einigung und damit eine Unwiderruflichkeit besteht.

Bestimmtheit

4. Im Sachenrecht gilt das Bestimmtheitsgebot (siehe dazu bereits oben S. 6). Jede Partei muss daher zum Ausdruck bringen, dass sie den Eigentumswechsel an **bestimmten Sachen** will. Der Bestimmtheitsgrundsatz ist nur gewahrt, wenn allein unter Zugrundelegung der Einigung bestimmt werden kann, an welchen Sachen der Eigentumswechsel eintreten soll. Jeder, der die Vereinbarung kennt, muss in der Lage sein, die zu übereignenden Sachen zu bestimmen. Die Bestimmtheit muss aber erst im **Zeitpunkt des Rechtsübergangs** bestehen. Bei einer Übereignung nach § 929 S. 1 ist die Wahrung des Bestimmtheitsgrundsatzes deshalb unproblematisch. Spätestens bei der Übergabe ist klar, an welchen konkreten Sachen sich der Eigentumswechsel vollziehen soll.

Zur Wahrung des Bestimmtheitsgrundsatzes bei der Übereignung nach §§ 929, 930 – insbesondere bei der Sicherungsübereignung – vgl. unten S. 55 ff.

II. Übergabe

Der im Sachenrecht geltende **Publizitätsgrundsatz** erfordert es, dass die Übereignung „publik", also nach außen erkennbar wird. Der Gesetzgeber hat deshalb für bewegliche Sachen vorgesehen, dass die Person des Besitzers wechseln muss. Die Übergabe ist grundsätzlich ein **Realakt** (**Ausnahme:** § 854 Abs. 2). Das heißt vor allem: Es kommt weder auf die Geschäftsfähigkeit der Beteiligten an, noch sind die Regeln über Willenserklärungen anwendbar, insbesondere ist eine Stellvertretung nicht möglich.

Unter folgenden Voraussetzungen liegt eine Übergabe i.S.d. § 929 vor:

Aufbauschema: Übergabe i.S.d. § 929
I. **Besitzerwerb** auf Erwerberseite
II. Vollständiger **Besitzverlust** auf Veräußererseite
III. **Veranlassung** oder Duldung **durch den Veräußerer** zum Zwecke der Eigentumsübertragung

1. Besitzerwerb auf Erwerberseite

a) Der einfachste Fall eines Besitzerwerbs liegt natürlich vor, wenn der Erwerber selbst die **unmittelbare Sachherrschaft** erlangt, § 854 Abs. 1.

Erwerber wird selbst unmittelbarer Besitzer, § 854 Abs. 1

b) Nach **§ 854 Abs. 2** ist ein Besitzerwerb auch durch eine bloße **Einigung** möglich, wenn die Sache des Veräußerers allgemein zugänglich ist. Für diese Einigung gelten die §§ 104 ff. Insbesondere ist – anders als bei § 854 Abs. 1 – eine Stellvertretung (§§ 164 ff.) möglich.

Besitzerwerb durch (rechtsgeschäftliche) Einigung, § 854 Abs. 2

c) Auf Seiten des Erwerbers kann aber auch ein **Besitzdiener** tätig werden, § 855. Besitzdiener ist, wer im Rahmen eines **sozialen Abhängigkeitsverhältnisses** die tatsächliche Gewalt über die Sache ausübt. Die bloße wirtschaftliche Abhängigkeit reicht nicht.

Besitzdiener des Erwerbs erhält die Sache, § 855

Beispiele: Typische Besitzdiener sind alle Mitarbeiter, Angestellte, Arbeiter eines Betriebs, der Prokurist, der Ein- und Verkäufer, der Ladenangestellte usw. Die im Haushalt angestellten Personen sind Besitzdiener des Hausherrn, aber auch dessen minderjährige Kinder. Keine Besitzdiener sind Vorstandsmitglieder juristischer Personen, Ehegatten oder Lebensgefährten im Verhältnis untereinander und andere erwachsene Familienmitglieder.

Rechtsfolge der Besitzdienerschaft ist, dass unmittelbarer Besitzer „nur der andere", also der Geschäftsherr ist. Der Besitzdiener übt die tatsächliche Sachherrschaft für den Geschäftsherrn als sein „verlängerter Arm" aus, hat selbst aber keinen Besitz.

d) Auf der Seite des Erwerbers kann auch ein **Besitzmittler** tätig werden. Auch der Erwerb nur des **mittelbaren Besitzes** nach **§ 868** reicht für einen Besitzerwerb des Erwerbers aus. Allerdings liegt keine Übergabe vor, wenn der Veräußerer selbst Besitzmittler des Erwerbers ist. Dieser Fall ist in § 930 geregelt und kann daher keine Übergabe darstellen. Außerdem verliert der Veräußerer dann nicht vollständig den Besitz. Im Gegenteil: Er bleibt unmittelbarer Besitzer.

Besitzmittler des Erwerbers erhält die Sache, § 868

Beispiel: V verkauft K ein Auto. K soll schon Eigentümer werden, V will aber noch einmal mit dem Auto in Urlaub fahren, sodass K dem V das Auto für diesen Zweck leiht und es direkt bei V lässt. Zwar ist K mittelbarer Besitzer geworden; für eine Übergabe fehlt es allerdings an einem vollständigen Besitzverlust des V. Es kommt aber eine Übereignung nach §§ 929, 930 in Betracht (dazu später).

Gegenbeispiel: Wieder verkauft V an K ein Auto. K möchte, dass sofort sein nicht mehr zu Hause wohnender Sohn S das Auto erhält, dem er es leihen will. K und S vereinbaren einen Leihvertrag und V liefert direkt an S aus. K ist mittelbarer Besitzer geworden. Der Besitz wird ihm aber von seinem Sohn S gemittelt. V hat jeglichen Besitz verloren, sodass eine Übergabe i.S.d. § 929 S. 1 vorliegt.

e) Ein Besitzerwerb des Erwerbers soll sogar vorliegen, wenn der Erwerber selbst gar keinen Besitz erhält, sondern wenn der Besitz auf eine **Geheißperson des Erwerbers** übertragen wird. Die Geheißperson des Erwerbers ist weder Besitzdiener noch Besitzmittler. Zwischen dem Erwerber und der Geheißperson besteht keine besitzrechtliche Beziehung. Da aber die Geheißperson auf Weisung (Geheiß) des Erwerbers den Besitz erlangt, ist ein Besitzerwerb aufseiten des Erwerbers zu bejahen.

Beispiel 1: K kauft bei V ein Auto. Er bittet V, das Auto direkt an seinen erwachsenen Sohn S auszuliefern, da er diesen überraschen möchte. Mit S will er vorher aber noch keinen Leih- oder Schenkungsvertrag abschließen. S ist in diesem Fall weder Besitzdiener noch Besitzmittler: Es besteht kein soziales Abhängigkeitsverhältnis und K und S haben kein Besitzmittlungsverhältnis begründet. Da S aber auf „Geheiß" des K den Besitz erhält, liegt eine Übergabe an K vor. S ist „**Geheißperson des Erwerbers**" K.

Beispiel 2: K hat bei V ein Auto gekauft und es direkt an D weiterveräußert. K bittet V direkt an D zu liefern, was dieser auch tut. Hier liegt sogar ein **doppelter Geheißerwerb** vor: V übereignet zunächst an K; dabei ist D **Geheißperson des Erwerbers** K wie in Beispiel 1. K übereignet dann aber auch an D. Dabei wird V als **Geheißperson des Veräußerers** K tätig.

2. Vollständiger Besitzverlust auf Veräußererseite

Eine Übergabe erfordert vollständige **Besitzlosigkeit des Veräußerers**. Dies folgt aus einem Umkehrschluss zu § 930: Wenn der Veräußerer eine besitzrechtliche Position behält, kann es sich nur um eine Übereignung nach § 930 handeln, für die insbesondere beim gutgläubigen Erwerb andere Voraussetzungen gelten, als bei einer Übereignung nach § 929 S. 1. Der erforderliche Besitzverlust aufseiten des Veräußerers tritt ein, wenn

- der Veräußerer oder sein Besitzdiener die Sachherrschaft aufgibt,

- der Besitzmittler seinen unmittelbaren Besitz überträgt oder mit dem Erwerber ein neues Besitzmittlungsverhältnis abschließt oder

- jemand auf Geheiß des Veräußerers den Besitz überträgt (Geheißperson auf Veräußererseite).

Erforderlich ist, dass jegliche besitzrechtliche Position aufgegeben wird, also bei Veräußerung an einen Mitbesitzer (§ 866) auch der Mitbesitz.

3. Veranlassung oder Duldung durch den Veräußerer zum Zwecke der Eigentumsübertragung

a) Schon der Begriff der „Übergabe" macht deutlich, dass der Veräußerer dem Erwerber die Sache „geben" muss, dass also eine eigenmächtige Wegnahme durch den Erwerber nicht ausreicht. Der Erwerber muss daher den Besitz **auf Veranlassung des Veräußerers** erlangt haben. Der Veräußerer hat den Besitzerwerb auf Erwerberseite veranlasst, wenn er selbst die Sache übergibt oder wenn auf seine Weisung hin sein Besitzdiener, Besitzmittler oder seine Geheißperson den Besitz überträgt. Der Veräußerer hat den Besitzerwerb des Erwerbers allerdings auch dann veranlasst, wenn er dem Erwerber die Besitzergreifung gestattet hat (sogenannte Wegnahmeermächtigung).

Veräußerer muss Übergabe veranlasst haben

b) Die Veranlassung des Veräußerers muss **zum Zwecke der Eigentumsübertragung** erfolgen. Danach scheidet ein Eigentumserwerb aus, wenn die Sache z.B. irrtümlich zur Miete oder Leihe übergeben wird.

4. Sonderproblem: Einschaltung von Stellvertretern bei der Übergabe

a) Unproblematisch ist die Einschaltung eines Stellvertreters **auf der Seite des Veräußerers**:

„Vertretung" des Veräußerers bei der Übergabe = Veranlassung

■ Die rechtsgeschäftliche Einigungserklärung des Vertreters wird gemäß §§ 164 ff. dem Vertretenen zugerechnet.

■ Bei der Übergabe ist eine Vertretung i.S.d. §§ 164 ff. nicht möglich. Gibt der „Vertreter", der entweder Besitzdiener, Besitzmittler oder aber wenigsten Geheißperson des Veräußerers ist, die Sache jedoch aus der Hand, liegt eine Besitzübertragung auf Veranlassung des Veräußerers – und damit eine Übergabe – vor.

b) Schwieriger ist die Einschaltung eines Stellvertreters **auf der Seite des Erwerbers**:

„Vertretung" des Erwerbers bei der Übergabe:
- *Erwerber ist **Besitzdiener***
- *Erwerber ist **(antizipierter) Bersitzmittler***
- ***Weitergabe** an den Erwerber*

■ Die rechtsgeschäftliche Einigungserklärung des Vertreters werden selbstverständlich auch in diesem Fall gemäß § 164 ff. dem Vertretenen zugerechnet.

■ Bei der Übergabe ist zu differenzieren:

　■ Ist der Vertreter **Besitzdiener** des Erwerbers, erwirbt der Vertretene unmittelbar das Eigentum. Besitzer ist nach § 855 ja

nur „der andere", also der Geschäftsherr. Er hat damit den unmittelbaren Besitz erlangt.

■ Der Vertretene und der Vertreter können aber auch schon vor der Übergabe ein Besitzkonstitut vereinbaren, sodass der Vertreter **Besitzmittler** des Erwerbers ist. Man spricht von einem antizipierten, also vor der Übergabe vereinbarten Besitzkonstitut. Auch in diesem Fall wird der Vertretene sofort mit der Übergabe an den Besitzmittler Eigentümer.

■ Ist der Vertreter weder Besitzmittler noch Besitzdiener, reicht eine Übergabe an den Vertreter nicht aus. In diesem Fall muss der Vertreter die Sache erst dem Erwerber **weitergeben**, damit es zu einem Eigentumserwerb kommen kann.

III. Berechtigung

§ 929 S. 1 geht davon aus, dass der Eigentümer zur Verfügung berechtigt ist. Das ist einerseits zu weit und andererseits zu eng formuliert:

Verfügungsberechtigter Eigentümer

1. Berechtigt ist nur der **verfügungsberechtigte Eigentümer**. Der Eigentümer ist nämlich nicht zur Eigentumsübertragung berechtigt, wenn ein gesetzliches bzw. behördliches Veräußerungsverbot i.S.d. §§ 135, 136 (relatives Verfügungsverbot) besteht oder er sonst kraft Gesetzes in seiner Verfügungsbefugnis beschränkt ist.

Examensrelevant sind bei beweglichen Sachen folgende **Beschränkungen der Verfügungsmacht** des Eigentümers:

■ Behördliches (gerichtliches) oder gesetzliches **Verfügungsverbot**, §§ 135, 136

   ■ Einstweilige Verfügungen

   ■ Pfändung von Forderungen und Rechten, §§ 829, 857 ZPO

■ Gesetzliche **Verfügungsbeschränkungen**

   ■ **Schuldner** bei **Insolvenzverwaltung**, § 81 Abs. 1 InsO

   ■ **Ehegatten** bzw. **Lebenspartner** bei Verfügung über das Vermögen im Ganzen oder bei Haushaltsgegenständen, **§§ 1365, 1369** bzw. **§ 6 S. 2 LPartG**

   ■ **Eltern** bei **genehmigungsbedürftigen Geschäften**, §§ 1643 ff.

   ■ **Vormund** bei **genehmigungsbedürftigen Geschäften**, §§ 1812 ff.

   ■ **Erbe** bei **Nachlassverwaltung**, § 1984 Abs. 1

   ■ **Erbe** bei **Testamentsvollstreckung**, § 2211

- Auch der **Bedingungseintritt bei Verfügungen in der Schwebezeit, § 161 Abs. 1,** und der **Eintritt des Nacherbfalls, § 2113 Abs. 1,** führen zur Unwirksamkeit der Verfügungen. Diese tritt allerdings erst ex-nunc ein; bis dahin bleibt der Eigentümer verfügungsberechtigt.

*Der Unterschied zwischen einem Verfügungsverbot i.S.d. §§ 135, 136 und einer Verfügungsbeschränkung besteht in Folgendem: Bei einem Verfügungsverbot **darf** der Rechtsinhaber nicht verfügen. §§ 135, 136 ordnen die Unwirksamkeit einer solchen Verfügung an. Besteht eine gesetzliche Verfügungsbeschränkung fehlt dem Rechtsinhaber die für die Verfügung erforderliche Rechtsmacht, er **kann** nicht verfügen.* **!**

*Unterschiede bestehen auch bei der Möglichkeit eines **gutgläubigen Erwerbs**: Teilweise werden die §§ 932 ff. für entsprechend anwendbar erklärt (z.B. § 135 Abs. 2, § 161 Abs. 3 und § 2211 Abs. 2). Demgegenüber ist eine gegen § 81 Abs. 1 InsO verstoßende Verfügung über Mobilien absolut unwirksam; ein gutgläubiger Erwerb ist gemäß § 81 Abs. 1 S. 2 InsO nur bei Immobilien gemäß §§ 892, 893 möglich. Besteht eine Verfügungsbeschränkung oder ein Verfügungsverbot müssen Sie aber in jedem Fall prüfen, ob ein gutgläubiger Erwerb möglich ist.*

2. Berechtigt ist aber auch der **Nichteigentümer**, sofern die **Verfügungsberechtigung kraft Gesetzes** auf ihn übertragen worden ist.

<small>Verfügungsberechtigter Nichteigentümer</small>

Beispiele: Der Insolvenzverwalter kann das Eigentum an den beweglichen Sachen, die seiner Verwaltung unterliegen, gemäß §§ 929 ff. i.V.m. § 80 Abs. 1 InsO auf einen anderen übertragen. Er ist zur Eigentumsübertragung berechtigt. Dasselbe gilt gemäß § 1985 Abs. 1 für den Nachlassverwalter und gemäß § 2205 i.V.m. § 2211 für den Testamentsvollstrecker sowie gemäß § 1204 Abs. 1 i.V.m. § 1228 Abs. 2 bei der Verwertung eines Pfandes.

3. Fraglich ist, ob der **Nichteigentümer**, der mit **Zustimmung des Berechtigten** verfügt (§ 185), als Berechtigter verfügt. Dabei ist zwischen der vorherigen **Einwilligung** i.S.d. § 185 Abs. 1 und der nachträglichen **Genehmigung** i.S.d. § 185 Abs. 2 zu unterscheiden:

- Verfügt der Nichteigentümer mit vorheriger Zustimmung (= Einwilligung) des Berechtigten, ist die Verfügung als Verfügung des Berechtigten zu behandeln.

<small>Bei Einwilligung: Verfügung eines Berechtigten</small>

- Wer ohne Einwilligung des Berechtigten eine Verfügung getroffen hat, ist Nichtberechtigter. Durch die nachträgliche Zustimmung (= Genehmigung) wird die Verfügung trotz der Rückwirkung gemäß § 184 Abs. 1 nicht zu einer Verfügung des Berechtigten.

<small>Bei Genehmigung: (Wirksame) Verfügung eines Nichtberechtigten</small>

!

Für den Eigentumsübergang nach den §§ 929 ff. ist diese Differenzierung nicht entscheidend. Hat der Berechtigte seine Zustimmung erklärt, erlangt der Erwerber in jedem Fall Eigentum gemäß § 929 S. 1 i.V.m. § 185 Abs. 1 oder § 185 Abs. 2, unabhängig davon, ob man den Verfügenden als Berechtigten oder Nichtberechtigten bezeichnet. Für einen Anspruch aus § 816 Abs. 1 S. 1 spielt die Differenzierung jedoch eine Rolle. Der Eigentümer kann nur von einem „Nichtberechtigten" die Herausgabe „des durch die Verfügung Erlangten" verlangen.

Nach dem Wortlaut des § 185 Abs. 1 ist die Verfügung des Nichtberechtigten zwar auch im Falle der vorherigen Zustimmung eine Verfügung des Nichtberechtigten, die dem Berechtigten gegenüber kraft der Einwilligung wirksam wird. Doch ist mit Rücksicht auf § 816 Abs. 1 eine Korrektur geboten: § 816 Abs. 1 gewährt eine Eingriffskondiktion, die einen widerrechtlichen Eingriff in fremde Rechtszuständigkeit voraussetzt. Daran fehlt es aber, wenn eine Befugnis zu dem Eingriff besteht. Es empfiehlt sich deshalb, den mit Einwilligung Verfügenden als „Berechtigten" und den mit Genehmigung Verfügenden als „Nichtberechtigten" zu bezeichnen.

Daraus ergibt sich für die Berechtigung folgende Definition:

!

> Berechtigter i.S.d. § 929 ist der verfügungsberechtigte Eigentümer oder der Nichteigentümer, dem kraft Gesetzes das Verfügungsrecht zusteht oder der mit Einwilligung des Berechtigten i.S.d. § 185 Abs. 1 handelt.

1. Welches sind die Voraussetzungen für die Übereignung einer beweglichen Sache?

1. Die Parteien müssen sich rechtsgeschäftlich über den Eigentumsübergang einigen, die Sache muss dem Erwerber übergeben werden oder die Parteien müssen ein Übergabesurrogat vereinbaren und der Veräußerer muss zur Verfügung berechtigt sein.

2. Wer ist zur Übertragung des Eigentums berechtigt?

2. Berechtigter i.S.d. § 929 ist der verfügungsberechtigte Eigentümer oder der Nichteigentümer, dem kraft Gesetzes das Verfügungsrecht zusteht oder der mit Einwilligung des Berechtigten i.S.d. § 185 Abs. 1 handelt.

3. Unter welchen Voraussetzungen liegt eine Übergabe vor?

3. Es muss ein Besitzerwerb auf Erwerberseite stattfinden, der Veräußerer muss jegliche besitzrechtliche Position verlieren und dies muss auch durch den Veräußerer veranlasst oder geduldet werden zum Zwecke der Eigentumsübertragung.

4. Welche Hilfspersonen können bei der Übergabe eingeschaltet werden?

4. Sowohl der Veräußerer als auch der Erwerber können Besitzdiener (§ 855), Besitzmittler (§ 868) sowie „Geheißpersonen" bei der Übergabe einschalten.

5. Was ist ein Besitzdiener?

5. Besitzdiener ist, wer im Rahmen eines sozialen Abhängigkeitsverhältnisses die tatsächliche Gewalt über die Sache für seinen Geschäftsherrn ausübt.

6. Was ist die Rechtsfolge, wenn ein Besitzdiener die tatsächliche Sachherrschaft ausübt?

6. Rechtsfolge ist, dass unmittelbarer Besitzer „nur der andere", also der Geschäftsherr ist. Der Besitzdiener übt die tatsächliche Sachherrschaft für den Geschäftsherrn als sein „verlängerter Arm" aus, hat selbst aber keinen Besitz.

7. Was ist ein Besitzmittler?

7. Auch der Besitzmittler übt den Besitz für einen anderen aus, allerdings steht der Besitzmittler nicht in einem sozialen Abhängigkeitsverhältnis, sondern wird vielmehr „selbstständig" tätig. Voraussetzungen sind ein Rechtsverhältnis i.S.d. § 868, ein Herausgabeanspruch des mittelbaren Besitzers und Fremdbesitzerwille des unmittelbaren Besitzers.

8. Was ist eine Geheißperson?

8. Die Geheißperson ist weder Besitzdiener noch Besitzmittler. Sie kann auf Erwerber- und/oder Veräußererseite tätig werden. Eine Geheißperson des Erwerbers erhält auf Weisung (= Geheiß) des Erwerbers den Besitz. Dieser Besitz wird dem Erwerber „zugerechnet" (= Besitzerwerb auf Erwerberseite). Eine Geheißperson des Veräußerers überträgt Besitz auf Weisung des Veräußerers auf den Erwerber, sodass die Veranlassung dem Veräußerer zurechenbar ist.

B. Übergabesurrogate

Die Eigentumsübertragung kann auch in der Weise erfolgen, dass sich die Parteien über den Eigentumsübergang einigen und anstelle der Übergabe ein Übergabesurrogat vereinbaren. Für die Vereinbarung gelten die Regeln über Rechtsgeschäfte. Die Erklärungen, die zum Zustandekommen der Vereinbarung abgegeben werden, sind Willenserklärungen.

I. § 929 S. 2 (Erwerber ist im Besitz der Sache)

Erwerber ist schon im Besitz der Sache

Wenn der Erwerber schon im Besitz der Sache ist, dann genügt für die Übereignung die Einigung über den Eigentumsübergang. Der Veräußerer muss jedoch wie bei einer Übergabe jegliche besitzrechtliche Position verlieren.

Aufbauschema: Übereignung nach § 929 S. 2
I. Einigung über den Eigentumsübergang
II. Übergabesurrogat, § 929 S. 2
1. Bereits bestehender Besitz des Erwerbers
2. Besitzlosigkeit des Veräußerers
III. Berechtigung des Veräußerers

II. § 930 (Veräußerer bleibt im Besitz der Sache)

Veräußerer will weiterhin Besitzer bleiben

Will oder soll der **Veräußerer auch noch nach der Eigentumsübertragung Besitzer bleiben**, kann er sein Eigentum gemäß §§ 929 S. 1, 930 durch Einigung über den Eigentumsübergang und Begründung eines Besitzmittlungsverhältnisses gemäß § 868 mit dem Erwerber übertragen; der Veräußerer muss also nicht mehr für sich (als Eigenbesitzer), sondern für den Erwerber (als Fremdbesitzer) besitzen. Damit durchbricht § 930 den Publizitätsgrundsatz: Die Übereignung ist nach außen nicht mehr durch eine „Übergabe" erkennbar.

! *Zitieren Sie nie § 930 alleine: In § 930 heißt es nur „ ... kann die Übergabe dadurch ersetzt werden, dass ...". § 930 regelt also nur einen Ersatz der Übergabe – ein Übergabesurrogat. Das Erfordernis der Einigung und der Berechtigung des Veräußerers folgen unverändert aus § 929 S. 1.*

> ## Aufbauschema: Übereignung nach §§ 929 S. 1, 930
>
> **I.** Einigung über den Eigentumsübergang
>
> **II.** Übergabesurrogat, § 930
>
>   **1.** (Unmittelbarer oder mittelbarer) Besitz des Veräußerers
>
>   **2.** Besitzmittlungsverhältnis zwischen Veräußerer und Erwerber
>
> **III.** Berechtigung des Veräußerers

1. § 930 spricht davon, der Eigentümer müsse im Besitz der Sache sein. Auch dies ist – ähnlich wie die Formulierung in § 929 S. 1 – ungenau. Ausreichend ist, dass der **Veräußerer** (auch wenn er nicht Eigentümer ist) im Besitz der Sache ist. Egal ist, ob der Veräußerer unmittelbarer oder nur mittelbarer Besitzer ist.

2. § 930 verlangt weiter, dass zwischen dem Veräußerer und dem Erwerber ein **Besitzmittlungsverhältnis** i.S.d. § 868 vereinbart wird. Dabei reicht es nach ganz h.M. aus, wenn die Parteien nur meinen, es bestehe ein Besitzmittlungsverhältnis, wenn dieses also tatsächlich unwirksam ist. Erforderlich ist aber, dass der Erwerber einen wirksamen Herausgabeanspruch gegen den Veräußerer hat.

Voraussetzungen des mittelbaren Besitzes:
- Unmittelbarer Besitz des Besitzmittlers
- Besitzmittlungsverhältnis i.S.d. § 868
- Wirksamer Herausgabeanspruch gegen den Besitzmittler
- Erkennbarer Fremdbesitzerwille des Besitzmittlers

3. Besondere Bedeutung erlangt § 930 bei der **Sicherungsübereignung** (dazu noch später ausführlich S. 54 ff.).

Beispiel: V vereinbart mit seiner Bank B, dass diese sein Auto zur Sicherheit für einen Ratenkredit übereignet bekommen soll. Wie kann B Eigentümerin werden, aber V sein Auto weiter nutzen? V und B müssen sich über den Eigentumsübergang einigen. Eine Übergabe kommt nicht in Betracht: Dann verliert V seinen unmittelbaren Besitz und kann das Auto nicht mehr benutzen. B und V müssen ein Besitzkonstitut vereinbaren, d.h. die Bank muss V das Auto „leihen". Die Bank hat dann einen Herausgabeanspruch aus § 604 gegen B und erlangt mittelbaren Besitz, wie es § 930 verlangt.

4. Will der Veräußerer eine Sache verkaufen und übereignen, die er selbst erst noch von einem Dritten erwerben muss, können Veräußerer und Erwerber eine Übereignung durch eine **vorweggenommene Einigung und ein vorweggenommenes Besitzkonstitut** vornehmen. Veräußerer und Erwerber vereinbaren dazu, dass

Übereignung durch antizipierte Einigung und antizipiertes Besitzkonstitut

- die vom Veräußerer noch zu erwerbende Sache sofort auf den Erwerber übergehen soll (vorweggenommene Einigung) und

■ dass der Veräußerer die Sache für den Erwerber besitzen soll, z.B. aufgrund einer Leihe oder eines Sicherungsvertrages (vorweggenommenes Besitzkonstitut).

Der angestrebte Eigentumswechsel nach §§ 929 S. 1, 930 vollzieht sich dann „von selbst", sobald der Veräußerer seinerseits Eigentum und Besitz an der veräußerten Sache erlangt. Es tritt in diesem Moment ein doppelter Eigentumswechsel ein:

■ Zunächst erwirbt der Veräußerer das Eigentum von dem Dritten (z.B. gemäß § 929 S. 1 durch Einigung und Übergabe).

■ Sodann erwirbt der Erwerber vom Veräußerer gemäß §§ 929 S. 1, 930 das Eigentum.

Durchgangserwerb

Der Veräußerer wird also für eine juristische Sekunde Eigentümer. Es tritt ein Durchgangserwerb ein.

Praktisch werden eine antizipierte Einigung und ein antizipiertes Besitzkonstitut häufig bei der Sicherungsübereignung wechselnder Waren- oder Lagerbestände oder noch nicht hergestellter Waren vereinbart.

Übereignung nach §§ 929, 930 auch bei gesetzlichem Besitzkonstitut

5. Eine Übereignung nach §§ 929 S. 1, 930 kann – entgegen dem Wortlaut „vereinbart" – auch ohne rechtsgeschäftliche Vereinbarung eines Besitzmittlungsverhältnisses erfolgen, wenn zwischen Veräußerer und Erwerber ein **gesetzliches Besitzmittlungsverhältnis** besteht.

Beispiel: Die Eltern wollen ihrem 10-jährigen Sohn K den im Arbeitszimmer aufgestellten Computer übereignen. Die Eigentumsübertragung erfolgt gemäß §§ 929 S. 1, 930. Die Einigung ist wirksam, da die Übereignung für K lediglich rechtlich vorteilhaft ist. Die Vereinbarung eines rechtsgeschäftlichen Besitzmittlungsverhältnisses ist nicht erforderlich, da zwischen Eltern und Kind ein gesetzliches Besitzmittlungsverhältnis besteht (§ 1626) und es dem Willen der Beteiligten entspricht, dass dieses Verhältnis sich auf die übereigneten Gegenstände erstreckt.

III. § 931 (Dritter ist im Besitz der Sache)

Veräußerer ist nur mittelbarer Besitzer oder hat nur einen Herausgabeanspruch

Ist der Veräußerer nicht im unmittelbaren Besitz der Sache, kann die Übergabe durch eine Abtretung des Herausgabeanspruchs des Veräußerers gegen den Besitzer gemäß § 398 ersetzt werden. Dadurch wird der mittelbare Besitz des Veräußerers auf den Erwerber übertragen (vgl. § 870).

Aufbauschema: §§ 929 S. 1, 931
I. Einigung über den Eigentumsübergang
II. Übergabesurrogat, § 931
1. Dritter ist im Besitz der Sache
2. Veräußerer tritt Herausgabeanspruch gegen Dritten an Erwerber ab, § 398
III. Berechtigung des Veräußerers

1. Welcher Herausgabeanspruch dem Erwerber abgetreten werden muss, richtet sich nach dem besitzrechtlichen Verhältnis zwischen Veräußerer und Drittem. Es ist zu unterscheiden:

- Ist der **Veräußerer mittelbarer Besitzer**, kann die Übergabe durch die Abtretung des **Herausgabeanspruchs aus dem Besitzmittlungsverhältnis** zwischen Veräußerer und Drittem ersetzt werden.

- Ist der Veräußerer nicht mittelbarer Besitzer, hat er aber gegen den besitzenden Dritten einen **sonstigen Herausgabeanspruch**, ist dieser Anspruch abzutreten.

  Beispiel: Zwischen dem Eigentümer E und dem Dieb D besteht kein Besitzmittlungsverhältnis. Gleichwohl hat E zahlreiche Ansprüche gegen D, die er an den Erwerber abtreten kann: §§ 812 ff., 823, 861 ff., 1007, 687 Abs. 2, 681 S. 2, 667.

- Ist der Veräußerer nicht mittelbarer Besitzer und ist auch kein Anspruch aus § 812 oder § 823 etc. gegeben, sondern hat der Veräußerer gegen den Dritten **nur den Anspruch aus § 985**, genügt nach h.M. die bloße Einigung, da der Anspruch aus § 985 grundsätzlich untrennbar mit dem Eigentum verbunden ist. Der Anspruch aus § 985 folgt dem Eigentum und nicht umgekehrt und kann daher nicht abgetreten werden.

2. Der besitzende Dritte wird durch die §§ 404 ff. und durch § 986 Abs. 2 geschützt:

Schutz des besitzenden Dritten

- Tritt der Veräußerer einen Herausgabeanspruch aus einem Besitzmittlungsverhältnis oder einen anderen schuldrechtlichen Herausgabeanspruch an den Erwerber ab, kann der Dritte dem Erwerber nach **§ 404** diejenigen Einwendungen entgegenhalten, die dem früheren Eigentümer gegenüber bestanden.

■ Dieser Schutz versagt aber gegenüber dem Anspruch aus § 985: Da dieser in der Person des neuen Eigentümers neu entsteht, besteht kein Schutz aus § 404. In dieser Situation greift **§ 986 Abs. 2** ein, der Einwendungen aus der Rechtsbeziehung zum bisherigen Eigentümer auch gegenüber dem neu entstandenen Eigentumsherausgabeanspruch zulässt.

Beispiel: E hat eine Maschine an M vermietet. E veräußert diese Maschine an K unter Abtretung seines Herausgabeanspruchs aus dem Mietvertrag. Als K von M Herausgabe der Maschine verlangt, beruft sich dieser darauf, dass die Mietzeit noch nicht abgelaufen sei. Gegenüber dem Herausgabeanspruch des K aus § 546 Abs. 1 kann M sich gemäß **§ 404** darauf berufen, dass die Mietzeit noch nicht abgelaufen ist. K ist aber auch gemäß §§ 929 S. 1, 931 Eigentümer der Maschine geworden, sodass ihm gegen M ein Herausgabeanspruch aus § 985 zusteht. Dem K gegenüber steht M auch kein Besitzrecht aus dem Mietvertrag i.S.d. § 986 Abs. 1 zu (§ 566 gilt nicht für bewegliche Sachen!). In diesem Fall greift allerdings **§ 986 Abs. 2** ein: Danach kann M auch gegenüber dem Anspruch aus § 985 die Einwendungen geltend machen, die ihm gegenüber dem Anspruch aus § 546 Abs. 1 zustehen, sodass er die Herausgabe unter Berufung auf den Mietvertrag verweigern kann.

1. Welche „Übergabesurrogate" gibt es?

1. Insgesamt gibt es drei Übergabesurrogate:

- § 929 S. 2: Der Erwerber ist schon im Besitz der Sache.
- § 930: Die Vereinbarung eines Besitzkonstituts, weil der Veräußerer im Besitz der Sache bleiben soll.
- § 931: Die Abtretung eines Herausgabeanspruchs, weil ein Dritter im Besitz der Sache ist und es auch bleiben soll.

2. Was versteht man unter einer Übergabe „kurzer Hand"?

2. Wenn der Erwerber bereits im Besitz der Sache ist, genügt für die Übereignung gemäß § 929 S. 2 die bloße Einigung. Der Veräußerer darf aber – wie bei § 929 S. 1 – keine besitzrechtliche Position mehr haben, also insbesondere keinen Mitbesitz.

3. Wie kann der Veräußerer die Sache übereignen, selbst aber im Besitz der Sache bleiben?

3. Gemäß § 930 können die Parteien die Übergabe durch ein Besitzkonstitut ersetzen. Der Veräußerer kann die Sache dann z.B. als Verwahrer oder Entleiher behalten, während der Erwerber bereits das Eigentum erlangt.

4. Was versteht man unter einer antizipierten Einigung i.V.m. einem antizipierten Besitzkonstitut?

4. Von einer antizipierten Einigung i.V.m. einem antizipierten Besitzkonstitut spricht man dann, wenn der Veräußerer im Zeitpunkt der Abgabe der Einigungserklärung weder Eigentümer noch Besitzer der Sache ist, sie also seinerseits noch erwerben muss und die Parteien sich für diesen Fall im Voraus über die Eigentumsübertragung sowie über ein Besitzkonstitut einigen.

5. Welche Ansprüche können im Rahmen des § 931 abgetreten werden, wenn ein Dritter im unmittelbaren Besitz der Sache ist?

5. Ist der Veräußerer mittelbarer Besitzer, so genügt die Abtretung des Herausgabeanspruchs aus dem Besitzmittlungsverhältnis. Ist dies nicht der Fall, steht dem Veräußerer aber gegen einen Dritten ein sonstiger Herausgabeanspruch zu (z.B. aus § 812), so ist dieser abzutreten. Steht dem Veräußerer nur der Anspruch aus § 985 zu, so reicht nach h.M. die Einigung über den Eigentumsübergang aus, da der Anspruch aus § 985 nicht selbstständig abtretbar ist, sondern nach Übertragung des Eigentums in der Person des Erwerbers neu entsteht.

2. Abschnitt: Erwerb vom Nichtberechtigten

Vor Prüfung eines gutgläubigen Erwerbs an § 185 Abs. 2 denken!

Verfügt ein Nichtberechtigter über eine Sache, besteht für den Erwerber trotzdem die Möglichkeit eines Eigentumserwerbs. Allerdings wird in Klausuren oft etwas Vorschnell an einen gutgläubigen Erwerb gedacht: Nach § 185 Abs. 2 kann die Verfügung nachträglich wirksam werden, sodass es auf die Voraussetzungen eines Gutglaubenserwerbs nicht ankommt.

A. Wirksamwerden der Verfügung, § 185 Abs. 2

I. § 185 Abs. 2 regelt **drei Fälle** des nachträglichen Wirksamwerdens der Verfügung eines Nichtberechtigten:

Genehmigung durch Berechtigten

- ■ Nach der ersten – und wichtigsten – Variante wird eine Verfügung wirksam, wenn der Berechtigte sie **genehmigt**,

Erwerb der Sache durch Nichtberechtigten

- ■ nach der zweiten Variante wird eine Verfügung wirksam, wenn **der Nichtberechtigte den Gegenstand erwirbt** und

Berechtigter wird Erbe des Nichtberechtigten

- ■ nach der dritten Variante wird die Verfügung wirksam, wenn **der Nichtberechtigte von dem Berechtigten beerbt** wird.

   Die Formulierung der 3. Variante kann leicht missverstanden werden: Sie meint den Fall, dass der Nichtberechtigte (der über eine Sache verfügt hat) stirbt und der Berechtigte sein Erbe wird. Der umgekehrte Fall (der Berechtigte stirbt und Erbe wird der Nichtberechtigte) fällt bereits unter § 185 Abs. 2 Alt. 2, da der Nichtberechtigte in diesem Moment Eigentümer gemäß § 1922 wird.

Rückwirkung nur der Genehmigung

II. Bei einer Genehmigung nach § 185 Abs. 2 Alt. 1 tritt ein Wirksamwerden ex-tunc, also mit Rückwirkung ein (§ 184 Abs. 1). Den beiden anderen Varianten ist gemeinsam, dass die Verfügung erst ex-nunc, also nicht rückwirkend wirksam wird. Anders als im Fall des § 185 Abs. 1 bleibt der Verfügende aber in allen Fällen „Nichtberechtigter" i.S.d. § 816 Abs. 1.

B. Gutgläubiger Erwerb

Konflikt zwischen Schutz des Eigentums und Schutz des Rechtsverkehrs

Der Erwerber kann meist nicht prüfen, ob der Veräußerer zur Eigentumsübertragung berechtigt ist. Veräußert ein Nichtberechtigter eine Sache, kommt es zu einer Interessenkollision:

- ■ Der Erwerber – der meist eine Gegenleistung an den Veräußerer erbringen wird – möchte Eigentum erwerben (Erwerbsinteresse).

- ■ Der wahre Eigentümer möchte jedoch sein Eigentum an der Sache nicht verlieren (Beharrungsinteresse).

Der Gesetzgeber muss diesen Konflikt zwischen dem Schutz des Rechtsverkehrs einerseits und den Individualinteressen des Eigentümers andererseits lösen.

Nach den §§ 932 ff. ==überwiegt das Erwerbsinteresse des Dritten in der Regel, wenn der Eigentümer die Sache selbst aus der Hand gegeben hat==. Der Eigentümer ist nicht schutzwürdig, wenn er den unmittelbaren Besitz auf einen Dritten übertragen hat, der somit den Eindruck erwecken kann, selbst Eigentümer zu sein. Ein gutgläubiger Dritter soll sich in diesem Fall darauf verlassen können, dass der Besitzer auch Eigentümer ist.

Schutz des Rechtsverkehrs bei freiwilliger Weggabe der Sache

Anders verhält es sich hingegen, wenn dem Eigentümer insoweit kein „Vorwurf" zu machen ist, er den Rechtsschein des Besitzes bei dem Dritten selbst nicht veranlasst hat. Deshalb ==überwiegt in Fällen, in denen der Eigentümer den Besitz nicht willentlich aufgegeben hat, sein Beharrungsinteresse (§ 935).==

Kein Gutglaubenserwerb bei unfreiwilligem Verlust der Sache, § 935

Das mangelnde Eigentum des Veräußerers kann nach den §§ 932 ff. daher unter folgenden Voraussetzungen überwunden werden:

Aufbauschema: Gutgläubiger Erwerb gemäß §§ 932 ff.

I. **Rechtsgeschäft** im Sinne eines **Verkehrsgeschäfts**

II. Legitimation des Veräußerers durch den **Rechtsschein des Besitzes**

III. **Gutgläubigkeit** des Erwerbers bzgl. des Eigentums des Veräußerers

IV. **Kein Abhandenkommen** der Sache beim Berechtigten, § 935

I. Rechtsgeschäft im Sinne eines Verkehrsgeschäfts

1. Zweck der Gutglaubensvorschriften ist der Schutz des Rechtsverkehrs. Daher kommt ein Gutglaubenserwerb grundsätzlich nur bei einem **rechtsgeschäftlichen** und nicht bei einem gesetzlichen Erwerb in Betracht.

Beispiel: Neffe N beerbt seinen Onkel O, in dessen Garage unter anderem ein wunderschöner Oldtimer stand. Kurze Zeit später meldet sich der Eigentümer E des Oldtimers bei N und verlangt ihn heraus. N ist nach § 1922 nicht Eigentümer des Oldtimers geworden, da der Oldtimer nicht im Eigentum des Erblassers stand. Auch kommt ein gutgläubiger Erwerb des N nicht in Betracht: N bedarf keines Vertrauensschutzes; die §§ 932 ff. sind nur auf rechtsgeschäftliche Erwerbstatbestände anwendbar. E kann den Oldtimer nach § 985 herausverlangen.

Das Merkmal „Rechtsgeschäft" hat eigentlich keine eigenständige Bedeutung: Im Falle eines gesetzlichen Erwerbs fehlt es schon an einer Ei-

!

nigung i.S.d. § 929, sodass die §§ 932 ff. nicht eingreifen können (vgl. den Wortlaut von § 932 Abs. 1 S. 1: „Durch eine nach § 929 erfolgte Veräußerung ..."). Trotzdem sollte man sich einprägen, *dass ein gutgläubiger Erwerb nur rechtsgeschäftlich möglich ist.*

Kein § 932 bei vorweggenommener Erbfolge und wirtschaftlicher Identität

2. Weiter muss es sich bei dem Rechtsgeschäft um ein **Verkehrsgeschäft** handeln. Ein Verkehrsgeschäft liegt **nicht** vor bei

- Rechtsgeschäften, die eine Vorwegnahme der Erbfolge darstellen;

- (wirtschaftlicher) Personenidentität auf Veräußerer- und Erwerberseite.

Beispiel: Die A-GmbH hat Maschinen unter Eigentumsvorbehalt erworben. Der Geschäftsführer V veräußert diese dem alleinigen Gesellschafter der GmbH, dem A. Mangels eines Verkehrsgeschäfts hat A nicht gutgläubig Eigentum an den Maschinen erworben, selbst wenn die Voraussetzungen des § 932 im Übrigen vorliegen sollten.

II. Legitimation des Veräußerers durch den Rechtsschein des Besitzes

Veräußerer muss seine „Besitzverschaffungsmacht" dokumentieren

Der Veräußerer muss sich gegenüber dem Erwerber als Eigentümer „ausweisen". Es reicht nicht aus, dass er einfach nur behauptet, Eigentümer zu sein. Das Eigentum an beweglichen Sachen wird aber nicht durch ein Register oder durch besondere Urkunden dokumentiert. Die Legitimation des Veräußerers ergibt sich nach der Konzeption der §§ 932 ff. grundsätzlich aus dem **Besitz einer Sache**. Damit ist nicht gemeint, dass der Veräußerer selbst im Besitz der Sache sein muss, sondern dass er in der Lage ist, dem Erwerber den Besitz zu verschaffen (sogenannte **Besitzverschaffungsmacht**).

Welche „Besitzlage" für einen gutgläubigen Erwerb erforderlich ist, hängt von der Art des Übereignungstatbestandes ab:

Gutgläubiger Erwerb		
Übereignungstatbestand	Erwerb vom Berechtigten	Erwerb vom Nichtberechtigten
Übergabe	§ 929 S. 1	§ 932 Abs. 1 S. 1
Übereignung kurzer Hand	§ 929 S. 2	§ 932 Abs. 1 S. 2
Besitzkonstitut	§ 930	§ 933
Abtretung Herausgabeanspruch	§ 931	§ 934

1. § 932 Abs. 1 S. 1

a) Bei einer Übereignung durch Übergabe nach § 929 S. 1 richtet sich der gutgläubige Erwerb nach § 932 Abs. 1 S. 1: Ein besonderer Rechtsscheinstatbestand ist nicht erforderlich. Vielmehr genügt allein die Gutgläubigkeit des Erwerbers. Eine Übergabe i.S.d. § 929 S. 1 setzt ohnehin voraus, dass der Erwerber auf Veranlassung des Veräußerers den Besitz erhält, sodass der Veräußerer seine „Besitzverschaffungsmacht" ausreichend dokumentiert. Dies gilt für alle Übergabekonstellationen im Rahmen des § 929 S. 1: Also auch bei Einschaltung eines Besitzdieners, Besitzmittlers oder einer Geheißperson.

b) Fraglich ist allerdings, ob ein gutgläubiger Erwerb auch bei einer sogenannten **Scheingeheißperson** möglich ist.

> Gutgläubiger Erwerb durch Scheingeheißperson (+)

Beispiel: E stellt Hemden her. Er bittet N, für ihn Hemden zu veräußern. N verkauft in eigenem Namen einen größeren Posten Hemden an K. K holt die Hemden bei E ab. Dabei geht E davon aus, dass N die Hemden wie vereinbart im Namen des E verkauft hat. K zahlt den Kaufpreis an N. Ist K Eigentümer der Hemden geworden?

Die Einigung zwischen N und K über den Eigentumswechsel ist in dem berühmt gewordenen „Hemdenlieferungsfall" bereits anlässlich des Abschlusses des Kaufvertrags zustande gekommen. Die Hemden müssten K von N übergeben worden sein. K hat den unmittelbaren Besitz erlangt und N hat keinen Besitz an den Hemden. Fraglich ist aber, ob K den Besitz auf Veranlassung des Veräußerers N erlangt hat. Nach seiner eigenen Vorstellung hat E dem K nicht auf Geheiß des N den Besitz übertragen. E wollte mit der Auslieferung der Hemden eine vermeintlich eigene Verpflichtung gegenüber K erfüllen. Nach h.M. ist allerdings nicht der innere Wille des Übertragenden entscheidend, sondern der Empfängerhorizont des Erwerbers. Aus der Sicht des K hat E die Zuwendung der Hemden vorgenommen, damit die Eigentumsübertragungspflicht des N ihm gegenüber erfüllt werde. Vom Empfängerhorizont des K aus war E Geheißperson des N. Eine von N veranlasste Übergabe ist danach zu bejahen. Die fehlende Berechtigung des N wird auch in diesem Fall unter den Voraussetzungen des § 932 Abs. 1 S. 1 überwunden.

E kann sich natürlich an N halten und von ihm gemäß § 816 Abs. 1 S. 1 den erzielten Veräußerungserlös herausverlangen.

2. § 932 Abs. 1 S. 2

Ist der Erwerber bereits im Besitz der Sache und erfolgt die Veräußerung nach **§ 929 S. 2** durch **bloße Einigung**, dann hat der Erwerb vom Nichtberechtigten – außer dem normalen Erwerbstatbestand des § 929 S. 2 – zur Voraussetzung, dass „der Erwerber den Besitz von dem Veräußerer erlangt hatte" und im Augenblick der Einigung noch gutgläubig ist (§ 932 Abs. 1 S. 2). Die Vorschrift setzt also eine Besitzlage voraus, die das Vertrauen des Erwerbers auf

> Bei §§ 929, 932 Abs. 1 S. 2 „vorherige" Übergabe erforderlich

das Eigentum des Veräußerers rechtfertigt. Dies ist der Fall, wenn der Erwerber vor der Einigung den Besitz durch eine „Übergabe" i.S.v. § 929 S. 1 erlangt hat. Erforderlich ist also eine **„vorherige Übergabe"**.

3. § 933

Bei §§ 929, 933 „nachträgliche" Übergabe erforderlich

Soll der Veräußerer im Besitz der Sache bleiben und vereinbaren Veräußerer und Erwerber daher ein **Besitzkonstitut i.S.d. § 930**, setzt ein gutgläubiger Erwerb gemäß § 933 eine „nachträgliche Übergabe" voraus.

4. § 934

Etwas komplizierter stellt sich der gutgläubige Erwerb bei **Abtretung eines Herausgabeanspruchs** gemäß § 931 dar, wenn sich die veräußerte Sache im unmittelbaren Besitz eines Dritten befindet. Hier differenziert das Gesetz für den gutgläubigen Erwerb danach, ob der Veräußerer mittelbarer Besitzer der Sache war (§ 934 Var. 1) oder nicht (§ 934 Var. 2).

a) Veräußerer ist mittelbarer Besitzer

Bei §§ 929, 934 Var. 1 reicht Abtretung des tatsächlich bestehenden Herausgabeanspruchs

War der Veräußerer tatsächlich mittelbarer Besitzer der von ihm veräußerten, ihm jedoch nicht gehörenden Sache, erwirbt der Erwerber nach § 934 Var. 1 unmittelbar mit der Abtretung das Eigentum. Durch die Abtretung des ja tatsächlich bestehenden Herausgabeanspruchs wird der Erwerber nämlich mittelbarer Besitzer (§ 870), während der Veräußerer seinen mittelbaren Besitz – und damit jede besitzrechtliche Position – verliert.

Beispiel: N verleiht einen Kugelschreiber an D. Dann veräußert er den Kugelschreiber an den gutgläubigen G durch Abtretung seines Herausgabeanspruchs. Später stellt sich heraus, dass es sich um einen Kugelschreiber des E handelte, der ihn seinerseits dem N geliehen hatte. Hier hatte N als Veräußerer mittelbaren Besitz: Er hatte den Kugelschreiber an D verliehen, sodass ein Besitzkonstitut N-D vorlag. Durch die Abtretung ist G mittelbarer Besitzer geworden und N hat seinen mittelbaren Besitz verloren. G war gutgläubig und der Kugelschreiber ist dem wahren Eigentümer E auch nicht abhandengekommen.

b) Veräußerer ist nicht mittelbarer Besitzer

Bei §§ 929, 934 Var. 2 ist Besitzerwerb vom Dritten erforderlich

Hatte der Veräußerer keinen mittelbaren Besitz, findet ein gutgläubiger Erwerb gemäß § 934 Var. 2 wiederum nur statt, wenn der gutgläubige Erwerber den Besitz von dem Dritten erlangt hat.

Beispiel: N schwindelt dem G nur vor, „seinen" Kugelschreiber an D verliehen zu haben. In Wahrheit hat Eigentümer E den Kugelschreiber an D verliehen.

Hier hatte N keinen mittelbaren Besitz an dem Kugelschreiber, den er auf G hätte durch Abtretung übertragen können. G kann nur gutgläubig Eigentümer werden, wenn D ihm den Besitz an dem Kugelschreiber einräumt. D muss G den Besitz aber gerade aufgrund der Veräußerung verschaffen; er darf nicht auf einem anderen Rechtsgrund beruhen, z.B. Leihe, oder eigenmächtig sein. Entscheidend ist letztlich, dass durch die Besitzverschaffung durch den Dritten der Veräußerer seine Besitzverschaffungsmacht dokumentiert.

c) Problemfälle

Bei einem gutgläubigen Erwerb nach § 934 können sich verschiedene Problemfälle ergeben:

- Der Veräußerer ist zwar mittelbarer Besitzer, die Sache befindet sich jedoch im **unmittelbaren Besitz des tatsächlichen Eigentümers**: In diesem Fall darf ein gutgläubiger Erwerb nach § 934 Var. 1 nicht stattfinden. Wenn der Eigentümer selbst unmittelbaren Besitz hat, darf die Verschaffung von (nur) mittelbarem Besitz nicht zu einem gutgläubigen Eigentumserwerb führen. Nach h.M. lässt sich dieses Ergebnis über eine **analoge Anwendung von § 936 Abs. 3** erreichen, nachdem die Rechte eines Dritten, der im Besitz der Sache ist, bei einer Veräußerung nach § 931 nicht erlöschen (zu § 936 gleich noch ausführlicher unten S. 37).

  § 936 Abs. 3 analog schützt den unmittelbaren Besitzer

  Beispiel: N hat bei E Baustoffe unter Eigentumsvorbehalt gekauft. Auf Bitten des N verwahrt E die Baustoffe getrennt von seinen sonstigen Waren für N. N übereignet die Baustoffe unter Abtretung seines Herausgabeanspruchs an den gutgläubigen Bauunternehmer B. Zwar ist der Veräußerer N hier tatsächlich mittelbarer Besitzer, da E die Baustoffe für ihn verwahrt, doch darf E, der im unmittelbaren Besitz der Baustoffe ist, sein Eigentum hier nicht verlieren.

- Der **unmittelbare Besitzer verhält sich nicht eindeutig.** Einerseits gibt er zu erkennen, für den Erwerber besitzen zu wollen, andererseits für den bisherigen Eigentümer: In diesem Fall ist darüber diskutiert worden, ob der unmittelbare Besitzer dann für beide (sowohl den Eigentümer, als auch den Erwerber) besitzt. Einen solchen sogenannten **mittelbaren Nebenbesitz** erkennt die h.M. jedoch nicht an. Mit der Begründung eines neuen Besitzmittlungsverhältnisses erlischt daher das bisherige Besitzmittlungsverhältnis. Ein etwaiger, davon abweichender innerer oder nach diesem Zeitpunkt geäußerter Wille des Besitzmittlers ist unbeachtlich.

  Mittelbarer Nebenbesitz (–)

- Schließlich könnte ein Erwerb nach § 934 Var. 1 einen **Wertungswiderspruch zu § 933** darstellen: Bei § 933 reicht der Erwerb des mittelbaren Besitzes für einen gutgläubigen Erwerb

  Widerspruch zwischen § 934 Var. 1 und § 933?

nicht aus, bei § 934 Var. 1 hingegen schon. Der Unterschied zwischen beiden Erwerbstatbeständen liegt allerdings darin, dass der Veräußerer bei § 934 Var. 1 jede besitzrechtliche Position verliert und bei § 933 nicht.

III. Gutgläubigkeit des Erwerbers bzgl. des Eigentums des Veräußerers

Gutgläubigkeit wird vermutet

Ein Eigentumserwerb vom Nichtberechtigten nach den §§ 932 ff. findet nur statt, wenn der Erwerber gutgläubig ist. **Bezugspunkt** des guten Glaubens ist das **Eigentum des Veräußerers.**

!   *Klausurtipp: In § 932 Abs. 1 heißt es allerdings, „es sei denn, dass er ... nicht in gutem Glauben ist." Aus dieser Formulierung ergibt sich, dass das Gesetz von Gutgläubigkeit des Erwerbers ausgeht, die Bösgläubigkeit also der Ausnahmefall ist. Für die Klausur bedeutet dies: Wenn der Sachverhalt keine Anhaltspunkte für eine Gut- oder Bösgläubigkeit liefert, können Sie von Gutgläubigkeit ausgehen. Nur wenn Umstände mitgeteilt werden, aus denen sich eine Bösgläubigkeit des Erwerbers ergeben könnte, muss die Gutgläubigkeit näher problematisiert werden.*

1. Kenntnis oder grob fahrlässige Unkenntnis

Bei einfacher Fahrlässigkeit ist der Erwerber gutgläubig!

Das Gesetz bestimmt in § 932 Abs. 2 die Gutgläubigkeit negativ: Bösgläubig ist derjenige, der **positive Kenntnis** oder **grob fahrlässige Unkenntnis vom Nichteigentum des Veräußerers** hat.

a) Grob fahrlässige Unkenntnis des Erwerbers liegt vor, wenn er die im Verkehr erforderliche Sorgfalt in ungewöhnlich hohem Maße verletzt und das unbeachtet lässt, was im gegebenen Fall jedem hätte einleuchten müssen. Über das gebotene Maß an Sorgfalt entscheiden immer die Umstände des Einzelfalles. Der Erwerber ist aber grundsätzlich nicht verpflichtet, Erkundigungen hinsichtlich der Berechtigung des Veräußerers einzuziehen; eine allgemeine Nachforschungspflicht besteht nicht. Wenn sich jedoch dem Erwerber Verdachtsgründe bezüglich der fehlenden Berechtigung des Veräußerers aufdrängen, muss er diesen nachgehen.

Beispiele:

Ein **auffälliges Missverhältnis zwischen Verkehrswert und Kaufpreis** kann eine Nachforschungspflicht des Erwerbers begründen (neuwertiges Fahrrad wird für nur 10% des Neupreises angeboten).

Erhöhte Anforderungen an die Gutgläubigkeit des Erwerbers ergeben sich, wenn der **Veräußerer erkennbar außerhalb seines Geschäftskreises tätig** wird (Gebrauchtfahrzeughändler bietet eine Waschmaschine, einen gebrauchten Tresor und mehrere Lampen an).

Ebenso können es die **Umstände des Geschäftsabschlusses**, z.B. die Unüblichkeit des Ortes für einen Handel mit derartigen Sachen, erfordern, sich zusätzlich die Befugnis des Veräußerers glaubhaft machen zu lassen (Angebot eines Fahrrads um 23 Uhr in einer dunklen Ecke hinter dem Hauptbahnhof).

b) Handelt der Erwerber nur **leicht fahrlässig**, ist er nach § 932 Abs. 2 nicht bösgläubig, sodass ein gutgläubiger Eigentumserwerb in Betracht kommt. Der Erwerber muss dann allerdings auch vor Schadensersatzansprüchen des früheren Eigentümers (z.B. aus § 823) geschützt werden, die – nach dem Grundsatz der Naturalrestitution – letztlich auch zur Herausgabe der Sache führen würden. Andernfalls wäre die Begrenzung der Bösgläubigkeit in § 932 Abs. 2 auf Vorsatz und grobe Fahrlässigkeit ohne Sinn, da dann im Ergebnis der Erwerber auch bei leichter Fahrlässigkeit zur Rückübereignung verpflichtet wäre.

2. Zeitpunkt der Gutgläubigkeit

Der Erwerber muss im **Zeitpunkt der letzten Erwerbshandlung** gutgläubig sein. Deshalb muss die Gutgläubigkeit

Gutgläubigkeit im Zeitpunkt des Eigentumserwerbs = bei der letzten Erwerbshandlung

- bei einem Erwerb nach §§ 929 S. 1, 932 Abs. 1 S. 1 bei der **Übergabe**,

- bei einem Erwerb nach §§ 929 S. 2, 932 Abs. 1 S. 2 im Zeitpunkt der **Einigung**,

- bei einem Erwerb nach §§ 929 S. 1, 930, 933 im Zeitpunkt der **„nachträglichen" Übergabe**,

- bei einem Erwerb nach §§ 929 S. 1, 931, 934 Var. 1 im Zeitpunkt der **Abtretung** und

- bei einem Erwerb nach §§ 929 S. 1, 931, 934 Var. 2 im Zeitpunkt des **Besitzerwerbs vom Dritten**

bestehen.

Haben sich die Parteien **aufschiebend bedingt** geeinigt und die Sache bereits übergeben (wie typischerweise in Fällen eines Eigentumsvorbehaltes – dazu noch unten S. 61 ff.), soll der Übergang des Eigentums nur noch vom Eintritt der Bedingung abhängig sein. Alle erforderlichen Erwerbshandlungen liegen bereits vor; eine Gutgläubigkeit im Zeitpunkt des Bedingungseintritts ist nicht erforderlich.

Bei aufschiebend bedingter Übereignung schadet Bösgläubigkeit bei Bedingungseintritt nicht

Beispiel: Erfährt ein Eigentumsvorbehaltskäufer erst zwei Monate nach Abschluss des Kaufvertrags und Abholung der Kaufsache, aber noch vor Zahlung der letzten Kaufpreisrate, dass der Veräußerer nicht Eigentümer war, kann er trotzdem noch Eigentümer werden, sobald er den Restkaufpreis bezahlt hat.

3. Bösgläubigkeit bei Kenntnis der Anfechtbarkeit

Bezugspunkt des guten Glaubens ist grundsätzlich zwar nur das Eigentum des Veräußerers. Eine klausurwichtige Erweiterung besteht gemäß **§ 142 Abs. 2**: Wer die Anfechtbarkeit eines Rechtsgeschäfts kannte oder kennen musste, muss sich so behandeln lassen, als hätte er dessen Nichtigkeit gekannt.

Beispiel: K droht A mit einer Vergiftung seines Hundes, falls dieser ihm nicht
sein Auto zu einem Sonderpreis verkauft und übereignet. In Sorge um seinen
Hund leistet A der Drohung des K Folge. Wenige Tage später verkauft und
übereignet K den Wagen seinem Bruder B, der von der Drohung des K weiß. A
ficht den Kaufvertrag und die Übereignung an.

A ist Eigentümer geblieben: Die Übereignung an K ist von ihm angefochten
worden und ex-tunc nichtig. K war daher nicht berechtigt, den Wagen an seinen Bruder B zu übereignen. B kann den Wagen auch nicht gutgläubig erwerben. Im Zeitpunkt der Übereignung ging er zwar gutgläubig davon aus, K sei
Eigentümer des Autos. Allerdings kannte er die Drohung durch K und damit die
Anfechtbarkeit von Kaufvertrag und Übereignung. Nach § 142 Abs. 2 muss B
sich also so behandeln lassen, als hätte er die Anfechtung bereits gekannt.
Dann aber hätte er gewusst, dass A noch Eigentümer ist und wäre deshalb bösgläubig gewesen.

4. Guter Glaube an Verfügungsmacht

Wenn ein Kaufmann Waren im Betrieb seines Handelsgewerbes
veräußert, die ihm nicht gehören, und der Erwerber dieses weiß
und deshalb nicht gutgläubig ist i.S.d. § 932, kann der Erwerber
dennoch das Eigentum an diesen Waren vom Nichtberechtigten
gemäß **§ 366 Abs. 1 HGB** erwerben, wenn er an die **Verfügungsmacht des Veräußerers** glaubt, d.h. daran, dass der Eigentümer
der Verfügung gemäß § 185 Abs. 1 zugestimmt hat.

5. Zurechnung der Bösgläubigkeit

Wenn bei der Einigung für den Erwerber ein **Vertreter** handelt,
kommt es auf die Gutgläubigkeit des Vertreters an, **§ 166 Abs. 1**.
Handeln mehrere Vertreter, schadet bereits die Bösgläubigkeit eines Vertreters.

!

Beliebter Merksatz: „Ein faules Ei verdirbt den Brei."

Wenn der Vertreter jedoch nach bestimmten **Weisungen** handelt,
ist bei der rechtsgeschäftlichen Vertretung **sowohl die Gutgläubigkeit des Vertreters als auch die des Vertretenen erforderlich, § 166 Abs. 2**. Der Begriff der Weisungen ist weit auszulegen.
Für die Anwendung des § 166 Abs. 2 reicht es aus, wenn der Bevoll-

mächtige im Rahmen der Vollmacht ein bestimmtes Rechtsgeschäft abschließt, zu dessen Vornahme ihn der Vollmachtgeber veranlassen wollte.

Beispiel: K möchte ein Auto von D erwerben, weiß aber, dass es in Wahrheit E gehört. Er beauftragt daher seinen ahnungslosen Freund F, das Auto für ihn zu kaufen. Gemäß § 166 Abs. 1 kommt es für die Gutgläubigkeit eigentlich auf den Vertreter, hier also F an. Da dieser aber ein bestimmtes Auto für K erwerben sollte – und deshalb nach bestimmten Weisungen gehandelt hat – schadet dem K seine eigene Bösgläubigkeit nach § 166 Abs. 2, sodass er selbst nicht gutgläubig erwerben kann.

Auf die **gesetzliche Vertretung** ist § 166 Abs. 2 grundsätzlich nicht anwendbar, weil der Vertretene nicht weisungsberechtigt ist.

Beim Erwerb durch eine **juristische Person** ist deren Bösgläubigkeit schon dann anzunehmen, wenn ein **Organ** die Nichtberechtigung des Veräußerers kennt. Darauf, ob die handelnde Organperson bösgläubig ist, kommt es nicht an.

Zurechnung bei juristischen Personen: Organwissen

Werden für den Erwerber beim Besitzerwerb sonstige Hilfspersonen tätig, ist nach h.A. deren Gut- oder Bösgläubigkeit ohne Belang. Diesen obliegt auch keine Erkundigungspflicht.

IV. Kein Abhandenkommen der Sache beim Berechtigten, § 935

Der Eigentümer soll sein Eigentum grundsätzlich nur dann verlieren, wenn er den Rechtsschein des Besitzes aufseiten des nichtberechtigten Veräußerers „zurechenbar veranlasst" hat. Denn nur dann ist es gerechtfertigt, den Erwerber mehr zu schützen als den Eigentümer, der in diesem Fall sein Eigentum verliert. Zurechenbar ist der Rechtsschein nur dann veranlasst, wenn der Eigentümer die Sache willentlich aus der Hand gegeben hat. Ein Abhandenkommen liegt also nach § 935 Abs. 1 S. 1 vor, wenn er den **Besitz ohne seinen Willen** verloren hat. Nicht erforderlich ist, dass der Besitzverlust **gegen** den Willen des Eigentümers eingetreten ist. Auch wenn er eine Sache unbemerkt verliert, liegt bereits nach dem Wortlaut des § 935 ein Abhandenkommen vor.

Abhandenkommen = unfreiwilliger Besitzverlust

Anknüpfungspunkt für ein Abhandenkommen ist stets der **unmittelbare Besitz**. Falls der Eigentümer lediglich mittelbarer Besitzer war, ist erforderlich, dass dem unmittelbaren Besitzer der Besitz ohne seinen Willen entzogen worden ist, § 935 Abs. 1 S. 2.

Daraus ergibt sich für das Merkmal „Abhandenkommen" folgende Definition:

> **!**
>
> Eine Sache ist abhandengekommen i.S.d. § 935, wenn der unmittelbare Besitzer den Besitz unfreiwillig verloren hat. Unfreiwillig ist der Verlust schon, wenn er sich ohne den Willen des Besitzers vollzieht; ein Besitzverlust gegen seinen Willen ist nicht erforderlich.

Abhandenkommen auch bei Veruntreuung durch Besitzdiener

Problematisch ist die Freiwilligkeit des Besitzverlustes bei Einschaltung eines Besitzdieners: Übt der Eigentümer den unmittelbaren Besitz gemäß § 855 durch einen **Besitzdiener** aus, so liegt nach h.M. ein unfreiwilliger Besitzverlust vor, selbst wenn der Besitzdiener die Sache freiwillig weggegeben hat. Maßgeblich ist bei Einschaltung eines Besitzdieners der Wille des Geschäftsherrn, da nur dieser Besitzer ist. Wenn also der Besitzdiener eine Sache „veruntreut", ist ein gutgläubiger Erwerb regelmäßig ausgeschlossen. Nach der Gegenansicht dürfen Besitzdiener und Besitzmittler nicht unterschiedlich behandelt werden: Wenn ein Besitzdiener äußerlich nicht von einem Besitzmittler zu unterscheiden sei, müsse auch ein gutgläubiger Erwerb möglich sein.

1. Entzug oder willentliche Übertragung?

Unfreiwilligkeit: Tatsächlicher Wille ist entscheidend.

Ob ein Entzug oder eine willentliche Übertragung des Besitzes vorliegt, bestimmt sich grundsätzlich danach, ob der Besitzer bei der Übertragung des Besitzes einen **tatsächlichen Besitzübertragungswillen** hatte. Dabei handelt es sich um einen natürlichen – und keinen rechtsgeschäftlichen – Willen, sodass Geschäftsfähigkeit nicht erforderlich ist.

Eine **willentliche Besitzübertragung** liegt daher vor, wenn der Besitzer sich bei der Übergabe der Sache **geirrt** hat oder **getäuscht** wurde, solange er nur den natürlichen Übertragungswillen hatte. Auch eine Anfechtung dieses nicht rechtsgeschäftlichen Besitzübertragungswillens gemäß §§ 119 ff. scheidet aus.

Gewalt oder Drohung schließen Freiwilligkeit aus.

Keine willentliche Besitzübertragung liegt vor, wenn der Besitz aufgrund unwiderstehlicher physischer **Gewalt** entzogen wird oder die Weggabe durch eine widerrechtliche **Drohung** veranlasst worden ist.

2. Besonderheiten beim Erbfall

Besitz ist vererblich.

a) Mit dem Erbfall wird der Erbe gemäß **§ 857** Besitzer. Dafür ist also nicht erforderlich, dass der Erbe die tatsächliche Sachherrschaft innehat oder mit einem Besitzkonstitut begründet wird. Er rückt automatisch in die besitzrechtliche Stellung des Erblassers nach (er „erbt" dessen Besitz): Je nachdem, welcher Besitz beim Erblasser vorlag, tritt beim Erben Allein- oder Mitbesitz, Eigen- oder Fremdbesitz, unmittelbarer oder mittelbarer Besitz oder eine andere Besitzart ein.

b) Wenn der Erblasser unmittelbarer Besitzer einer Sache war, rückt der Erbe also auch in diese besitzrechtliche Stellung ein. Wird ohne Wissen des Erblassers eine Sache aus dem Nachlass entfernt, kommt sie dem Erben daher abhanden i.S.d. § 935 Abs. 1.

Beispiel: E verstirbt. Die in seinem Besitz befindliche Vase veräußert die Putzfrau an den gutgläubigen D. D erwirbt kein Eigentum, da die Sache dem Erben – der gemäß § 857 unmittelbaren Besitz an ihr hatte – abhandengekommen ist.

Legt der Veräußerer allerdings einen **Erbschein** vor, der ihn als Erben ausweist, ist ein gutgläubiger Erwerb gemäß **§ 2366** möglich.

Erweiterung des gutgläubigen Erwerbs durch § 2366 bei Erbschein

Beispiel: E verstirbt. Die in seinem Besitz befindliche Vase veräußert Putzfrau P unter Vorlage eines Erbscheins, der sie als Erbin ausweist, an den gutgläubigen D. Der im Erbschein ausgewiesene Erbe wird so behandelt, als sei er wirklich Erbe gewesen: Wenn P Erbin gewesen wäre, hätte sie mit dem Erbfall unmittelbaren Besitz erlangt, sodass die Vase nicht abhandengekommen ist und sie wäre auch zur Eigentumsübertragung berechtigt gewesen. In diesem Fall kann D Eigentum erwerben.

Allerdings überwindet § 2366 nur das fehlende Erbrecht, nicht jedoch das fehlende Eigentum.

Beispiel: E verstirbt. Die in seinem Haus befindliche Vase gehört dem Nachbarn N. P veräußert die Vase unter Vorlage des Erbscheins an den gutgläubigen D. Wahrer Erbe des E war der X.

Zu denken wäre hier auch zunächst an einen gutgläubigen Erwerb gemäß § 2366. Nach § 2366 wird jedoch der Erwerber lediglich genauso gestellt, als sei der Inhaber des Erbscheins wirklicher Erbe gewesen. Auch als wirklicher Erbe wäre P jedoch nicht Berechtigter gewesen, weil auch der Erblasser nicht Eigentümer und damit Nichtberechtigter war.

Ein gutgläubiger Erwerb nach § 932 kommt ebenfalls nicht in Betracht, da der Besitz gemäß § 857 auf den wahren Erben X übergegangen ist, dem die Vase abhandengekommen wäre.

Durch eine Kombination von § 932 und § 2366 ist jedoch ein gutgläubiger Erwerb möglich: Das Abhandenkommen wird durch § 2366 überwunden und das fehlende Eigentum nach § 932. Merke also: Bei diesem "Doppelmangel" wird das fehlende Eigentum durch § 932 überwunden, das fehlende Erbrecht durch § 2366.

Doppelmangel: § 2366 überwindet das fehlende Erbrecht, § 932 überwindet das fehlende Eigentum.

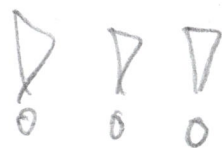

3. Unbeachtlichkeit des Abhandenkommens, § 935 Abs. 2

Der Gesetzgeber hat dem Beharrungsinteresse des Eigentümers zwar grundsätzlich den Vorrang vor dem Erwerbsinteresse eingeräumt, wenn der Eigentümer die Sache nicht willentlich aus der Hand gegeben hat. Dieser Grundsatz wird allerdings in § 935 Abs. 2 durchbrochen: Das Erwerbsinteresse an **Geld** und **Inhaberpapieren** genießt Vorrang vor einem Schutz des Eigentümers, um die Umlauffähigkeit sicher zu stellen.

V. Sonderproblem: Rückerwerb durch den Nichtberechtigten

Kein „Rückerwerb" durch den Nichtberechtigten

Veräußert ein Nichtberechtigter eine Sache an einen gutgläubigen Erwerber, erwirbt dieser nach §§ 932 ff. das Eigentum. Der Erwerber kann jetzt das Eigentum auf den Veräußerer – unabhängig davon, ob er bösgläubig ist oder nicht – nach §§ 929 ff. zurückübertragen. Ein solches Ergebnis erscheint in einigen Fällen jedoch ungerechtfertigt:

- Die Rückübertragung dient lediglich der Rückabwicklung des schuldrechtlichen Grundgeschäfts (z.B. wegen Rücktritts- oder nach Bereicherungsrecht).

- Die Rückübertragung war von Anfang an bereits vorgesehen (z.B. bei einer Sicherungsübereignung).

- Die Rückübertragung war vom Nichtberechtigten in der Absicht geplant, die Sache vom gutgläubigen Erwerber zurückzuerwerben.

In diesen Fällen soll der ursprüngliche Eigentümer das Eigentum nach h.M. „automatisch" zurückerwerben. Für einen derartigen Rückerwerb lässt sich allerdings kaum eine dogmatische Grundlage finden, sodass einige einen solchen Rückerwerb als nicht konstruierbar ablehnen. Der „Rückerwerber" sei aber nach §§ 823, 249 zur Eigentumsübertragung auf den früheren Eigentümer verpflichtet.

Beispiel: N verkauft und übereignet dem gutgläubigen K eine Maschine, die E gehört. Wegen eines Mangels erklärt K den Rücktritt vom Kaufvertrag und gibt die Maschine an N zurück.

K hat von N gemäß §§ 929, 932 zunächst das Eigentum an der Maschine gutgläubig erlangt. Nach dem Rücktritt hat K den Besitz an N zurückübertragen (§§ 437 Nr. 2, 323, 346). Nach h.M. hat der ursprüngliche Eigentümer E das Eigentum automatisch zurückerworben. Es ist nicht auf N übertragen worden. Nach a.A. ist N Eigentümer geworden, muss E jedoch das Eigentum gemäß §§ 823, 249 zurückübertragen.

C. Gutgläubiger lastenfreier Erwerb, § 936

Wenn das Eigentum an der Sache mit dem Recht eines Dritten belastet ist, ist der Eigentümer nicht berechtigt, **lastenfreies Eigentum** zu übertragen. Es sind mindestens zwei dinglich Berechtigte vorhanden, nämlich der Eigentümer (als Inhaber des Vollrechts) und der Inhaber des beschränkt dinglichen Rechts (Pfandrecht, Nießbrauch und nach h.A. auch das Pfändungspfandrecht).

Aufbauschema: Gutgläubiger lastenfreier Erwerb, § 936

I. Eigentumserwerb auf Erwerberseite

II. Erwerb einer den §§ 932-934 entsprechenden besitzrechtlichen Position auf Erwerberseite

III. Gutgläubigkeit des Erwerbers hinsichtlich der Lastenfreiheit, § 936 Abs. 2

IV. Kein Abhandenkommen der Sache beim Dritten gemäß § 935 analog

V. Bei Veräußerung gemäß **§§ 929 S. 1, 931, 934**: Kein Besitz des Rechtsinhabers, § 936 Abs. 3

Prüfungsaufbau beim lastenfreien Erwerb:
1. Hat der Erwerber überhaupt Eigentum erlangt (ggfs. gutgläubig nach den §§ 932 ff.)?
2. Hat der Erwerber das Eigentum lastenfrei erhalten, § 936?

Für einen lastenfreien Erwerb muss der Erwerber zunächst das **Eigentum** erlangen. Dabei ist es gleichgültig, ob er es vom Eigentümer oder gutgläubig vom Nichtberechtigten erwirbt.

Außerdem muss der Erwerber gemäß § 936 dieselbe **Besitzposition** erhalten, wie bei einem Erwerb des Eigentums vom Nichtberechtigten nach §§ 932–934, und zwar auch dann, wenn das Eigentum vom Berechtigten erworben wird, § 936 Abs. 1 S. 2 und 3. § 936 wird daher auch als „Miniatur" der §§ 932 ff. bezeichnet.

Lastenfreier Erwerb, § 936			
Übereignungs-tatbestand	Erwerb vom Berechtigten	Erwerb vom Nichtberechtigten	Lastenfreier Erwerb
Übergabe	§ 929 S. 1	§ 932 Abs. 1 S. 1	§ 936 Abs. 1 S. 1
Übereignung kurzer Hand	§ 929 S. 2	§ 932 Abs. 1 S. 2	§ 936 Abs. 1 S. 2
Besitzkonstitut	§ 930	§ 933	§ 936 Abs. 1 S. 1, 3 Alt. 1
Abtretung Herausgabeanspruch	§ 931	§ 934	§ 936 Abs. 1 S. 1, 3 Alt. 2

Für die Fallprüfung in der Klausur bedeutet dies: Findet ohnehin ein Eigentumserwerb vom Nichtberechtigten statt, erwirbt der Erwerber nach § 936 auch lastenfrei, wenn er auch insoweit gutgläubig ist – für den Erwerb des Eigentums und für die Lastenfreiheit ist dieselbe Besitzposition erforderlich. Erwirbt der Erwerber das Eigentum vom Berechtigten (unterbleibt also eine Prüfung der §§ 932–934), muss nach § 936 gründlich geprüft werden, ob ein lastenfreier Erwerb möglich ist.

Der Erwerber muss in Ansehung der Lastenfreiheit **gutgläubig** sein, § 936 Abs. 2.

Die Sache darf **dem dinglich Berechtigten nicht abhandengekommen** sein. Die Vorschrift des § 935 gilt entsprechend.

Wenn die Veräußerung durch **Abtretung des Herausgabeanspruchs** erfolgt (§§ 929 S. 1, 931, 934) und der Inhaber des dinglichen Rechts die Sache im – unmittelbaren oder mittelbaren – Besitz hat, bleibt sein beschränkt dingliches Recht erhalten. Ist der Rechtsinhaber allerdings nur mittelbarer Besitzer, bleibt sein Recht nur dann bestehen, wenn der unmittelbare Besitzer ihm den Besitz weiterhin vermittelt.

Merke: *Ein mit Sachbesitz verbundenes Sachenrecht braucht dem guten Glauben des Erwerbers nicht zu weichen!*

Beispiel: E hat seine Uhr bei dem Uhrmacher U reparieren lassen. Bevor er die Reparaturkosten von 17 € bezahlt, veräußert er die Uhr an K, indem er ihm seinen Herausgabeanspruch gegenüber U abtritt. E versteht es unter Vorlage einer gefälschten Quittung, die über eine andere Uhrreparatur von U ausgestellt war, K glaubhaft zu machen, die Reparatur der Uhr sei bereits bezahlt. Er habe die Uhr noch nicht mitgenommen, weil ihr genauer Gang noch zwei Tage überprüft werden sollte.

K hat von E gemäß § 929 S. 1 i.V.m. § 931 das Eigentum erlangt. Die Uhr war jedoch mit dem Unternehmerpfandrecht des U gemäß § 647 belastet. Da hier die Veräußerung gemäß §§ 929 S. 1, 931 erfolgt ist, konnte K trotz Gutgläubigkeit nach § 936 Abs. 3 kein lastenfreies Eigentum erwerben, weil der Pfandrechtsinhaber U unmittelbarer Besitzer geblieben ist.

§ 936 Abs. 3 wird entsprechend auf den gutgläubigen Erwerb des Eigentums angewandt (siehe schon oben S. 37): Wenn sich beschränkt dingliche Rechte des Besitzers gegen einen gutgläubigen Erwerb durchsetzen, dann muss auch der besitzende Eigentümer geschützt werden. Das stärkste Recht kann nicht schlechter gestellt werden als schwächere Rechte.

D. Erwerb bei Beschränkungen der Verfügungsmacht

Die Verfügungsmacht des Eigentümers kann durch Verfügungsverbote oder Verfügungsbeschränkungen eingeschränkt sein. Der Unterschied zwischen einem Verfügungsverbot und einer Verfügungsbeschränkung besteht darin, dass bei einem Verfügungsverbot der Rechtsinhaber nicht verfügen **darf**, während bei einer gesetzlichen Verfügungsbeschränkung dem Rechtsinhaber die für die Verfügung erforderliche Rechtsmacht fehlt, er **kann** nicht verfügen.

> Bei Verfügungsbeschränkungen findet ein gutgläubiger Erwerb statt, wenn auf die §§ 932 ff. verwiesen wird.

Folgende Fallgruppen können unterschieden werden:

- **Besteht eine absolute Verfügungsbeschränkung**, also eine Verfügungsbeschränkung, die gegenüber jedermann wirkt, ist die Verfügung unwirksam. Besteht ein **absolutes Verfügungsverbot**, ergibt sich aus § 134 ebenfalls die Unwirksamkeit der Verfügung.

- Besteht ein **relatives Verfügungsverbot**, ergibt sich aus §§ 135, 136, dass die Verfügung nur diesen Personen gegenüber unwirksam sein soll. Auch bei einer **relativen Verfügungsbeschränkung** ist die Übereignung nur im Verhältnis zum geschützten Personenkreis unwirksam, im Übrigen – gegenüber Dritten – aber wirksam.

Kraft ausdrücklicher **gesetzlicher Verweisung** sind die §§ 932 ff. auch auf folgende Verfügungen des in der Verfügungsmacht beschränkten Eigentümers für anwendbar erklärt:

- Vom Vorerben, der gemäß §§ 2113 ff. in der Verfügung beschränkt ist, kann gemäß § 2113 Abs. 3 i.V.m. §§ 932 ff. gutgläubig erworben werden.

- Vom Erben, der durch Einsetzung eines Testamentsvollstreckers in der Verfügung beschränkt ist, kann gemäß § 2211 Abs. 2 unter den Voraussetzungen der §§ 932 ff. gutgläubig erworben werden.

- Wenn der Eigentümer bereits unter einer aufschiebenden Bedingung über die Sache verfügt, also einem anderen bedingtes Eigentum übertragen hat, sind weitere Verfügungen zwar wirksam – es besteht also keine Verfügungsbeschränkung –. Doch werden gemäß § 161 Abs. 1 die weiteren Verfügungen unwirksam, wenn die Bedingung eintritt. Der gutgläubige Erwerber kann aber gemäß § 161 Abs. 3 i.V.m. §§ 932 ff. das Eigentum „anwartschaftsrechtsfrei" erwerben, sodass er auch dann Eigentümer bleibt, wenn die Bedingung eintritt.

Wenn der Eigentümer aufgrund einer absoluten Verfügungsbeschränkung oder eines **absoluten Verfügungsverbots** in der Verfügungsmacht beschränkt ist, dann ist ein gutgläubiger Erwerb ausgeschlossen. Rechtsgeschäfte, die gegen absolute Verfügungsverbote verstoßen, sind, soweit die Genehmigungsfähigkeit durch den geschützten Personenkreis vorgesehen ist, schwebend unwirksam, im Übrigen gemäß § 134 nichtig.

- Die Verfügungsbeschränkung gegen den Schuldner im Insolvenzverfahren stellt gemäß §§ 80, 81 InsO eine absolute Beschränkung dar, demzufolge ist ein gutgläubiger Erwerb nicht möglich. Gemäß § 81 Abs. 1 S. 2 InsO gilt aber § 892 bei Immobilien.

- Zu den absoluten Verfügungsbeschränkungen zählen die Verfügungsbeschränkungen des Ehegatten nach §§ 1365 ff., da diese Vorschriften nicht nur einen Ehegatten, sondern die materielle Grundlage des Familienlebens schützen. Ein Rechtsgeschäft, das gegen § 1365 verstößt, ist unwirksam, wenn der andere Ehegatte die Genehmigung verweigert, vgl. § 1366 Abs. 4.

- Die Verfügungsbeschränkungen der Eltern gemäß § 1643 und des Vormundes gemäß § 1812 zählen ebenfalls zu den absoluten Verfügungsbeschränkungen. Diese Rechtsgeschäfte erlangen nur mit Genehmigung des Familiengerichts Wirksamkeit.

1. Durch welchen Rechtsschein wird der gutgläubige Erwerb nach §§ 932 ff. gerechtfertigt?

1. Aus dem Besitz folgt der Rechtsschein, dass der Besitzer auch Eigentümer ist (§ 1006). Für einen gutgläubigen Erwerb ist aber nicht erforderlich, dass der Veräußerer selbst Besitzer ist. Es reicht aus, dass er dem Erwerber Besitz verschafft (Besitzverschaffungsmacht).

2. Woran muss der Erwerber glauben, damit er gutgläubig ist?

2. Der Erwerber muss daran glauben, dass der Veräußerer Eigentümer ist. Er ist bösgläubig, wenn er weiß oder infolge grober Fahrlässigkeit nicht weiß, dass der Veräußerer nicht Eigentümer ist (vgl. § 932 Abs. 2).

3. Zu welchem Zeitpunkt ist Gutgläubigkeit erforderlich?

3. Der Erwerber muss im Zeitpunkt der Vollendung des Rechtserwerbs gutgläubig sein. Bei einer bedingten Einigung reicht allerdings die Gutgläubigkeit bei der Einigung; Bösgläubigkeit bei Bedingungseintritt schadet nicht.

4. Auf wessen Gutgläubigkeit kommt es an, wenn für den Erwerber ein Vertreter tätig wird?

4. Gemäß § 166 Abs. 1 kommt es auf die Gutgläubigkeit des Vertreters an. Hat der Vertreter nach bestimmten Weisungen des Vollmachtgebers gehandelt, muss gemäß § 166 Abs. 2 auch der Vertretene gutgläubig sein. Der bösgläubige Erwerber kann also keinen gutgläubigen Vertreter „vorschieben".

5. Was bedeutet „Abhandenkommen" i.S.v. § 935 Abs. 1 und welche Rechtsfolgen ergeben sich daraus?

5. Abhandenkommen liegt bei unfreiwilligem Verlust des unmittelbaren Besitzes vor. Gemäß § 935 Abs. 1 ist der gutgläubige Erwerb grundsätzlich ausgeschlossen, wenn die Sache dem Eigentümer oder dessen Besitzmittler (vgl. § 935 Abs. 1 S. 2) abhandengekommen ist. Ausnahme: § 935 Abs. 2 bei Geld, Inhaberpapieren oder Veräußerung in öffentlicher Versteigerung.

6. Ist eine Sache abhandengekommen, wenn sie durch einen Besitzdiener veruntreut wird?

6. Nach h.M. ist die Sache dem Eigentümer abhandengekommen. Besitzer ist nur der Geschäftsherr. Gibt der Besitzdiener die Sache (willentlich) weg, gelangt sie gleichwohl ohne Willen des Besitzers aus seinem Besitz.

7. Unter welchen Voraussetzungen ist gutgläubiger Erwerb im Falle des § 931 möglich?

7. § 934 differenziert: Ist der Veräußerer mittelbarer Besitzer, erlangt der gutgläubige Erwerber das Eigentum bereits mit der Abtretung des Herausgabeanspruchs, also mit der Übertragung des mittelbaren Besitzes (§ 870). Ist der Veräußerer nicht mittelbarer Besitzer (und kann er deshalb auch den mittelbaren Besitz nicht übertragen), muss der Erwerber den Besitz von dem Dritten in Anerkennung des Eigentums erhalten.

3. Abschnitt: Gesetzlicher Erwerb und Erwerb kraft Hoheitsakt

Im Interesse der Rechtsklarheit und des Verkehrsschutzes hat der Gesetzgeber in einigen Fällen einen Eigentumserwerb kraft Gesetzes geregelt:

Eigentumserwerb kraft Gesetzes

Aus mehreren Sachen wird eine einheitliche Sache	Aus einer einheitlichen Sache werden mehrere Sachen	Klarstellung von Eigentümerpositionen
▪ **Verbindung** einer beweglichen Sache mit einem Grundstück, § 946	▪ **Trennung** von Erzeugnissen und Bestandteilen, §§ 953–957	▪ **Ersitzung** einer beweglichen Sache, §§ 937 ff.
▪ **Verbindung** von zwei beweglichen Sachen, § 947		▪ **Ersitzung** eines Grundstücks, § 900
▪ **Vermischung** und **Vermengung** beweglicher Sachen, § 948		▪ **Aneignung**, §§ 958 ff.
▪ **Verarbeitung** einer beweglichen Sache, § 950		▪ **Fund**, §§ 965 ff.

Durch die §§ 937 ff. wird i.d.R. nur die Eigentumslage geregelt. Das Behaltendürfen oder etwaige Ausgleichs- oder Entschädigungsansprüche sind gesondert zu prüfen und bestimmen sich nach allgemeinen Regeln.

A. Aus mehreren Sachen wird eine einheitliche Sache, §§ 946–951

I. Grundstücksverbindung gemäß § 946

Verbindung einer beweglichen Sache mit einem Grundstück

Wenn eine **bewegliche Sache** so mit einem Grundstück verbunden wird, dass sie **wesentlicher Bestandteil des Grundstücks** wird, verliert die bewegliche Sache ihre rechtliche Selbstständigkeit (§ 93). Sie wird Teil des Grundstücks und gelangt daher automatisch in das Eigentum des Grundstückseigentümers. Die wesentlichen Bestandteile teilen das Schicksal des Grundstücks, d.h. sie werden z.B. nach den Regeln der §§ 873 ff. gemeinsam mit dem Grundstück übereignet und nicht separat nach §§ 929 ff.

Verbindung = Realakt

Es ist unerheblich, wie es zu der Verbindung der Sache mit dem Grundstück gekommen ist, wem die Sache gehörte und ob sie abhandengekommen ist. Da die Verbindung ein **Realakt** ist, braucht der Verbindende nicht geschäftsfähig zu sein. Entscheidend ist allein, dass die bewegliche Sache wesentlicher Bestandteil des Grundstücks geworden ist.

Wesentliche Bestandteile, §§ 93 ff.

I. Bestandteile sind **Teile einer einheitlichen Sache**.

II. Teil ist **wesentlich**, wenn Trennung zur Zerstörung oder Wesensänderung führen würde.

Bei **Grundstücken** Erweiterung durch § 94:

- Gebäude sind immer Grundstücksbestandteil, § 94 Abs. 1.
- Zur Herstellung in ein Gebäude eingefügte Sachen sind wesentliche Bestandteile des Gebäudes, § 94 Abs. 1.

III. Teil ist **kein Scheinbestandteil**, § 95.

1. Bestandteile einer Sache

Bestandteile sind alle Stücke einer Sache, die nach der Verkehrsanschauung Teile einer **einheitlichen Sache** sind. Auf die Festigkeit der Verbindung kommt es insoweit nicht an.

Beispiele: Bestandteile eines Autos sind nach der Verkehrsanschauung der Motor, die Lenkung, die Sitze, das Autoradio usw.

2. Wesentliche Bestandteile, §§ 93, 94

Nach § 93 ist ein Bestandteil wesentlicher Bestandteil nicht etwa, wenn er für die Sache von besonderer Bedeutung ist. Maßgeblich ist, ob durch die Trennung der abgetrennte oder zurückbleibende Teil **zerstört oder in seinem Wesen verändert** wird.

Wesentlich ≠ wichtig

Eine Zerstörung setzt die Veränderung der bisherigen körperlichen Beschaffenheit der einen oder anderen Sache voraus. Eine Wesensänderung tritt dann ein, wenn die eine oder andere Sache nach der Trennung nicht mehr so verwendet werden kann wie vor ihrer Zusammenfügung. Unerheblich ist hingegen, welche Wirkung die Trennung auf die Gesamtsache hat.

Beispiel: Bei einem Auto sind also nicht die Teile, die die Funktionsfähigkeit gewährleisten, als wesentliche Bestandteile anzusehen, sondern nur die Teile, die im Falle der Trennung zur Zerstörung der einen oder anderen Sache führen oder nach der Trennung nicht mehr wie vor der Zusammenfügung verwendet werden können. Ein Kfz-Motor ist daher kein wesentlicher Bestandteil, wohl aber die Karosserie.

Bei **Grundstücken** wird der Begriff „wesentlicher Bestandteil" gemäß **§ 94** nicht unerheblich erweitert. Danach sind nicht nur die mit dem Grundstück fest verbundenen Teile – Gebäude und Erzeugnisse, § 94 Abs. 1 –, sondern darüber hinaus auch die zur Herstellung des Gebäudes eingefügten Sachen wesentliche Bestandteile, § 94 Abs. 2.

Bei § 946 immer § 94 beachten!

Beispiele: Bei einem Hotel zählen zu den wesentlichen Bestandteilen nicht nur das Gebäude, sondern auch die Fenster, Türen, Installationen, die Heizung, die Einbauschränke, die Beleuchtungskörper.

3. Scheinbestandteile gemäß § 95

Achtung: § 95 gilt nur für Bestandteile eines Grundstücks.

Die Bestandteile eines Grundstücks einschließlich der Gebäude, die nur zu einem **vorübergehenden Zweck** eingebaut worden sind, gehören zu den Scheinbestandteilen i.S.d. § 95 und werden trotz Verbindung mit dem Grundstück nicht zu wesentlichen Bestandteilen.

Beispiel: Ein Mieter erstellt in seiner Wohnung einen Durchbruch und baut eine neue Tür ein, muss diese Veränderung aber zurückbauen, wenn der Mietvertrag beendet wird.

! *Merke:*

- *(Unwesentliche) Bestandteile und Scheinbestandteile eines Grundstücks werden nach §§ 929 ff. übereignet.*

- *Wesentlichen Grundstücksbestandteile teilen das Schicksal des Grundstücks und werden „automatisch" mit dem Grundstück nach §§ 873 ff. übereignet.*

II. Verbindung beweglicher Sachen gemäß § 947

Werden mehrere bewegliche Sachen verschiedener Eigentümer zu einer einheitlichen Sache verbunden und sind diese Teile wesentliche Bestandteile der zusammengesetzten Sache geworden, werden die Eigentümer gemäß § 947 Abs. 1 Bruchteilseigentümer im Verhältnis des Wertes der Sachen zueinander.

Ist eine Sache als Hauptsache anzusehen, wird der Eigentümer der Hauptsache gemäß § 947 Abs. 2 Alleineigentümer. Ob eine Sache Hauptsache ist, ist nach der Verkehrsauffassung zu beurteilen.

Beispiel: Eine Litfasssäule ist im Verhältnis zum aufgeklebten Plakat Hauptsache. Ein Buch ist im Verhältnis zum Einband Hauptsache.

III. Vermischung und Vermengung beweglicher Sachen gemäß § 948

Wenn mehrere bewegliche Sachen verschiedener Eigentümer miteinander untrennbar vermischt **(Flüssigkeit)** oder vermengt **(feste Sachen)** werden, gilt § 947 entsprechend.

Ist keine der Mengen Hauptsache, tritt Miteigentum nach Bruchteilen gemäß § 948 Abs. 1 i.V.m. § 947 Abs. 1 ein. Ist eine Menge Hauptsache, erwirbt der Eigentümer der Hauptsache das Eigentum an der gesamten Menge gemäß § 948 Abs. 1 i.V.m. § 947 Abs. 2.

Untrennbarkeit liegt vor, wenn die Sachen künftig unlösbar und ununterscheidbar sind oder wenn ihre Trennung nur mit unverhältnismäßigen Kosten möglich ist (wirtschaftliche Untrennbarkeit), § 948 Abs. 2.

IV. Verarbeitung gemäß § 950

Wenn jemand aus einem fremden Stoff eine **neue Sache** herstellt, erwirbt der **Hersteller** an der neuen Sache das Eigentum. Dies gilt nicht, wenn der Wert seiner Verarbeitungsleistung erheblich hinter dem Stoffwert zurückbleibt.

Verarbeitung, § 950
I. Ergebnis der Verarbeitung = Neue Sache
II. Verarbeitungswert nicht erheblich geringer als Stoffwert (–), bei Verhältnis Verarbeitungswert zu Stoffwert von 60:100
III. Rechtsfolgen:
1. Hersteller erwirbt Eigentum an verarbeiteten Sachen
2. Ehemaliger Stoffeigentümer hat Entschädigungsanspruch, § 951

1. Neue Sache

Zunächst ist erforderlich, dass das Ergebnis der Verarbeitung eine neue Sache ist. Ob es sich um eine neue Sache handelt, muss nach der Verkehrsanschauung unter Berücksichtigung wirtschaftlicher Gesichtspunkte festgestellt werden.

Im Einzelfall können als Abgrenzungskriterien in Betracht kommen:

- Die hergestellte Sache wird unter einer **anderen Bezeichnung** in den Verkehr gebracht.

- Der Ausgangsstoff wird **völlig umgestaltet**, sodass er schon der Form nach als andere Sache erscheint, oder – ohne Formveränderung – eine **erhebliche Wesensveränderung** erfährt.

- Eine neue Sache liegt vor, wenn das Produkt der Verarbeitung eine eigenständige, gegenüber den einzelnen Sachen **weiter-**

gehende Funktion erfüllt, oder auf sonstige Weise die **wirtschaftliche Bedeutung der hergestellten Sache eine völlig andere** ist.

Beispiel: Aus einer Leinwand und Farbe wird von einem Künstler ein Bild hergestellt. Ein fertiges Kunstwerk ist nach der Verkehrsanschauung im Vergleich zu den „Materialien" eine neue Sache.

Gegenbeispiel: Wird lediglich ein Pkw lackiert, spricht die Verkehrsanschauung nicht von einer „neuen" Sache.

2. Verhältnis von Verarbeitungs- und Stoffwert

Der Wert der Verarbeitung darf nicht erheblich geringer sein als der Stoffwert. Der Verarbeitungswert wird ermittelt, indem vom Wert der neuen Sache der Wert aller Stoffwerte, also auch der dem Verarbeitenden gehörenden Ausgangsstoffe, abgezogen wird. Es kommt also nicht auf den tatsächlichen Arbeitsaufwand an, sondern auf den Differenzbetrag, der sich aus dem Vergleich des Wertes der neuen Sache mit dem Wert des verarbeiteten Ausgangsstoffs vor der Herstellung ergibt. Nach der Rspr. liegt ein erheblich geringerer Wert der Verarbeitung vor, wenn der Verarbeitungswert nur 60% des Stoffwertes beträgt.

3. Rechtsfolge: Hersteller wird Eigentümer

Bei der Verarbeitung wird der Hersteller Eigentümer. **Hersteller** i.S.d. § 950 ist grundsätzlich derjenige, **in dessen Namen und wirtschaftlichem Interesse die Herstellung** erfolgt; dem somit nach der Verkehrsanschauung die Herstellung zuzurechnen ist.

Beispiel: Wird die Sache in einem Betrieb hergestellt, ist der Unternehmer der Hersteller und nicht etwa die mit der Herstellung befassten Arbeiter.

Falls die Herstellung der Sache im Auftrag des Bestellers und mit von ihm gelieferten Stoffen vorgenommen wird, ist nach überwiegender Auffassung der Besteller der Hersteller, weil er sich die Arbeitskraft des Unternehmers dienstbar macht und weisungsbefugt ist.

Umstritten ist, ob durch Vereinbarung festgelegt werden kann, wer Hersteller i.S.d. § 950 ist.

■ Die Rspr. und ein Teil der Lit. gehen davon aus, dass die Vereinbarungen der vom Herstellungsprozess betroffenen Personen über die Herstellereigenschaft i.S.v. § 950 entscheiden können. Derjenige, der das Eigentum nicht erwerben wolle, solle dieses auch nicht kraft Gesetzes erhalten.

Marginalien (linke Spalte):

Wert der neuen Sache ./. Stoffwert
_____
Verarbeitungswert

Verarbeitungswert < 60% des Stoffwertes = erheblich geringer

Kann die Herstellereigenschaft durch Vereinbarung festgelegt werden? e.A. (+) a.A. (–), aber konkludente Sicherungsübereignung durch antizipierte Einigung und antizipiertes Besitzkonstitut

- In der Lit. wird überwiegend die Auffassung vertreten, dass nur derjenige das Eigentum gemäß § 950 kraft Gesetzes erlange, der nach der Verkehrsanschauung unter Zugrundelegung **objektiver Kriterien** Hersteller sei. Es widerspreche der Zuordnungsfunktion des § 950, durch Vereinbarung mit dinglicher Wirkung den Hersteller zu bestimmen. Allerdings ist einer „Vereinbarung" der Herstellereigenschaft regelmäßig im Wege der Auslegung eine Sicherungsübereignung durch antizipierte Einigung und antizipiertes Besitzkonstitut (dazu unten S. 54 ff.) zu entnehmen, sodass nach dieser Ansicht das Eigentum rechtsgeschäftlich auf den „vereinbarten" Hersteller übergeht.

- **Stellungnahme:** Eine Stellungnahme ist entbehrlich, wenn nach beiden Ansichten der „vereinbarte" Hersteller Eigentum erlangt hat. Allerdings bestehen zwischen nach § 950 erworbenem Eigentum`und einer Sicherungsübereignung u.U. Unterschiede:

  Streitentscheid nur erforderlich, wenn
  - neue Sache bei tatsächlichem Hersteller mit Recht eines Dritten belastet oder
  - Insolvenz des Herstellers

  - Bei Vereinbarung der Herstellereigenschaft nach § 950 findet ein **originärer Erwerb direkt beim vereinbarten Hersteller** statt, während bei einer Sicherungsübereignung der **tatsächliche Hersteller für eine juristische Sekunde selbst Eigentümer** wird. In dieser juristischen Sekunde kann das Eigentum belastet oder auf einen anderen übertragen worden sein.

  - Außerdem ist die Rechtsstellung von Eigentümer und Sicherungseigentümer in der Insolvenz unterschiedlich (vgl. § 47 InsO und § 51 Nr. 1 InsO).

  In diesen Fällen ist dann eine Stellungnahme erforderlich. Angesichts der Unabdingbarkeit auch der §§ 946, 947 spricht vieles dafür, eine Vereinbarung der Herstellereigenschaft nicht zuzulassen.

4. Entschädigung gemäß § 951

Wer nach den §§ 946 bis 950 einen Rechtsverlust erleidet, dem steht ein Bereicherungsanspruch aus §§ 812 ff. gegen den Eigentümer zu (Rechtsgrundverweisung). Die §§ 946–950 regeln also nur die sachenrechtliche Zuordnung, stellen aber **keinen Rechtsgrund für das Behaltendürfen** dar.

§§ 946–949 regeln (nur) die dingliche Zuordnung
§§ 951, 812 regeln den finanziellen Ausgleich

a) Rechtsverlust

Verliert ein Eigentümer das Eigentum an einer Sache nach den §§ 946–949 durch Verbindung, Vermischung, Verarbeitung und erhält er als Ausgleich Miteigentum nach § 947 Abs. 1, so erleidet er keinen Rechtsverlust i.S.d. § 951. In diesem Fall besteht kein Entschädigungsanspruch. Voraussetzung ist also, dass der (ehemalige) Eigentümer sein Eigentum verloren und als Surrogat auch kein Eigentum an einer anderen Sache erhalten hat.

b) Rechtsgrundverweisung in das Bereicherungsrecht

Weil § 951 Abs. 1 eine Rechtsgrundverweisung in das Bereicherungsrecht enthält, müssen die Voraussetzungen eines Bereicherungsanspruchs vorliegen.

§§ 951, 812 Abs. 1 S. 1 Alt. 2 bei Herbeiführung des Rechtsverlustes ohne Einverständnis des Eigentümers

aa) Unstreitig verweist § 951 auf die **Nichtleistungskondiktion** gemäß § 812 Abs. 1 S. 1 Alt. 2 Wird der Rechtsverlust also eigenmächtig durch den Erwerber ohne Einverständnis des Berechtigten herbeigeführt, besteht ein Entschädigungsanspruch.

Beispiel: N baut entwendete Baumaterialien des E in sein Haus ein. Anspruch des E gegen N aus §§ 951, 812 Abs. 1 S. 1 Alt. 2

§§ 951, 812 Abs. 1 S. 1 Alt. 1 oder § 812 Abs. 1 S. 1 Alt. 1 unmittelbar bei „Leistung" durch den ehemaligen Eigentümer

bb) Führt der Berechtigte selbst den Rechtsverlust herbei, ist umstritten, ob ein Bereicherungsanspruch aus § 951 unter Verweis auf die **Leistungskondiktion** folgt oder das Bereicherungsrecht unmittelbare Anwendung findet.

Beispiel: Handwerker H baut Baumaterialien aufgrund eines nichtigen Vertrags in das Haus des E ein. Ein Anspruch des H gegen E kann sich aus §§ 951, 812 Abs. 1 S. 1 Alt. 1 oder aus § 812 Abs. 1 S. 1 Alt. 1 unmittelbar ergeben. In diesem Fall ist allerdings fraglich, ob überhaupt eine „Leistung" i.S.d. § 812 Abs. 1 S. 1 Alt. 1 vorliegt, da der Eigentumswechsel ja gesetzlich eingetreten ist. Nach h.M. liegt eine Leistung trotzdem vor, wenn sich der Eigentumswechsel aufgrund eines Vertrags vollzieht, der gerade auf die Tätigkeit gerichtet ist, die unmittelbar den Rechtswechsel herbeiführt. Ob der Anspruch unmittelbar aus § 812 Abs. 1 S. 1 Alt. 1 folgt oder aus § 951 Abs. 1, hat also praktisch keine Bedeutung.

cc) Problematisch – und klausurbeliebt – sind sogenannte **Einbaufälle im Dreipersonenverhältnis**.

Beispiel: Bauunternehmer U baut auf Grundlage eines Werkvertrags unter Eigentumsvorbehalt gelieferte Baumaterialen des Baustoffhändlers H in das Haus des E ein, der U gutgläubig für den Eigentümer der Baumaterialien hält.

Baustoffhändler H kann von E die Baumaterialien nicht herausverlangen, da E gemäß § 946 Eigentümer geworden ist.

H könnte allerdings gegen E einen Entschädigungsanspruch gemäß §§ 951 Abs. 1, 812 Abs. 1 S. 1 Alt. 2 (Nichtleistungskondiktion) haben.

Nach der Rspr. steht einer Nichtleistungskondiktion jedoch eine vorrangige Leistungsbeziehung zwischen Bauunternehmer U und Eigentümer E im Wege **(Vorrang der Leistungsbeziehungen)**.

Nach h.Lit. ist in diesen Fällen eine Wertung anhand der §§ 932 ff., 935, 816 vorzunehmen: Der Anspruch aus § 951 tritt als Rechtsfortwirkungsanspruch an die Stelle des Anspruchs aus § 985. Wäre eine vor Einbau erfolgte Übereignung an den Erwerber wirksam gewesen, sodass kein Anspruch des Eigentümers aus § 985 mehr bestanden hätte, soll der Erwerber auch vor einem Entschädigungsanspruch geschützt werden. Wäre ein rechtsgeschäftlicher Eigentumserwerb fehlgeschlagen, sodass auch der Anspruch aus § 985 gegen den Erwerber bestanden hätte, besteht ein Anspruch aus §§ 951, 812 Abs. 1 S. 1 Alt. 2 des ehemaligen Eigentümers.

Da E hier gutgläubig ist und die Baumaterialien dem H auch nicht abhandengekommen sind, scheidet ein Entschädigungsanspruch nach beiden Ansichten aus.

> Bei Einbaufällen im Dreipersonenverhältnis den Vorrang der Leistungskondiktion beachten!

B. Aus einer einheitlichen Sache werden mehrere Sachen, §§ 953 ff.

Während die §§ 946 ff. regeln, wer Eigentümer wird, wenn aus mehreren Sachen eine einheitliche Sache gebildet wird, ist in den §§ 953 ff. bestimmt, wer das Eigentum erwirbt, wenn Erzeugnisse oder Bestandteile von einer Sache – der Haupt- bzw. Muttersache – getrennt werden und dadurch zwei oder mehrere Sachen entstehen.

Erzeugnisse sind die organischen, von der Muttersache getrennten körperlichen Gegenstände wie Jungtiere, Milch, Eier, Pflanzen, geschlagenes Holz usw.

Bestandteile sind alle unselbstständigen Teile einer Sache.

Nach §§ 953 ff. gilt ein **„Schachtelprinzip"**:

- Gemäß **§ 953** erwirbt der **Eigentümer der Mutter- bzw. Hauptsache** das Eigentum an den Erzeugnissen und Bestandteilen, soweit sich aus den §§ 954–957 nicht etwas anderes ergibt.

- Der Erwerb tritt nicht ein, wenn nach **§ 954** ein **dinglich Nutzungsberechtigter** vorhanden ist.

- Weder der Eigentümer noch der dinglich Nutzungsberechtigte erwerben, wenn nach **§ 955** der **gutgläubige Eigenbesitzer** der Mutter- bzw. Hauptsache erwirbt.

■ Weder der Eigentümer, der Nutzungsberechtigte noch der gutgläubige Eigenbesitzer erlangen das Eigentum, wenn nach **§ 956** ein **schuldrechtlich Aneignungsberechtigter** vorhanden ist. Dieser erwirbt auch dann Eigentum, wenn er sein Recht gutgläubig von einem Nichtberechtigten herleitet (§ 957).

C. Ersitzung, Aneignung und Fund

I. Ersitzung gemäß §§ 937 ff.

10-jähriger gutgläubiger Eigenbesitz

Durch Ersitzung erwirbt Eigentum, wer zehn Jahre ununterbrochen im Glauben war, er sei Eigentümer der im Besitz beweglichen Sache. Dieser Eigentumserwerb kommt insbesondere dann in Betracht, wenn der rechtsgeschäftliche Eigentumserwerb gemäß §§ 104 ff. wegen Nichtigkeit der Einigung oder gemäß § 935 wegen des Abhandenkommens der Sache gescheitert ist.

! *Früher war sehr umstritten, ob die Ersitzung schuldrechtliche Ansprüche des ursprünglichen Berechtigten gegenüber dem Ersitzenden aus Vertrag ausschließt und ob die Ersitzung zugleich auch Rechtsgrund i.S.d. § 812 ist, sodass auch keine Bereicherungsansprüche mehr bestehen. Diese Frage hat heute aber kaum noch praktische Relevanz: Derartige Ansprüche verjähren gemäß § 199 Abs. 4 spätestens nach zehn Jahren, sodass mit Ablauf der Ersitzungszeit etwaige Rückgewähransprüche jedenfalls verjährt sind.*

II. Aneignung gemäß §§ 958 ff.

Sachen, die herrenlos sind oder herrenlos werden, können durch Aneignung zu Eigentum erworben werden. Ein freies Aneignungsrecht besteht jedoch nur, wenn nicht ein Dritter aneignungsberechtigt und die Aneignung nicht gesetzlich ausgeschlossen ist.

Herrenlos ist eine Sache, wenn bisher noch kein Eigentum an der Sache bestanden hat (z.B. bei wilden Tieren) oder vorhandenes Eigentum durch Dereliktion gemäß § 959 aufgegeben worden ist oder wenn gemäß § 960 Abs. 2 u. 3 der Eigentümer an gefangenen wilden Tieren unfreiwillig den Besitz verliert.

III. Fund gemäß §§ 965 ff.

Dem Finder einer verlorenen Sache fällt nach gewisser Zeit das Eigentum an der gefundenen Sache zu. Bis zu diesem Zeitpunkt legt das Gesetz dem Finder im Interesse des Verlierers Pflichten auf, die denen aus einer GoA entsprechen (§§ 677 ff.). Es besteht vom Auffinden der Sache bis zum Eigentumserwerb ein gesetzliches Schuldverhältnis. Sonderregeln gelten für den Verkehrsfund und den Schatzfund.

Verloren ist eine Sache, die besitzlos, aber nicht herrenlos ist.

Beispiel: E verliert im Supermarkt des S einen 500 €-Schein. Nach Geschäftsschluss findet die Putzfrau diesen Schein, für dessen Fund sie den üblichen Finderlohn verlangt. Da der 500 €-Schein nicht besitzlos war, scheidet ein Fund i.S.d. § 965 aus. Nach der Rspr. und einem Teil der Lit. erwirbt der Geschäftsinhaber des Supermarktes an den im Geschäft verloren gegangenen Sachen den Besitz. Auch die verloren gegangenen Sachen befinden sich im Herrschaftsbereich des S, den Dritte respektieren und auf den sich der allgemeine Beherrschungswille erstreckt.

Der Finder muss die verlorene Sache an sich nehmen. Es kommt nicht auf das **Entdecken** des verlorenen Gegenstands an, sondern allein auf das **Ansichnehmen**, das Erlangen des unmittelbaren Besitzes.

Finder ist nur, wer unmittelbaren Besitz an der verlorenen Sache begründet.

Der Eigentumserwerb tritt gemäß § 973 Abs. 1 S. 1 mit Ablauf von sechs Monaten nach der Anzeige des Fundes bei der zuständigen Behörde ein, es sei denn, dass vorher ein Empfangsberechtigter dem Finder bekannt geworden ist oder sein Recht bei der zuständigen Behörde angemeldet hat.

D. Eigentumserwerb kraft Hoheitsakts

Wenn ein Gläubiger gegen seinen Schuldner einen vollstreckbaren Titel erwirkt hat, kann er in das gesamte Vermögen des Schuldners vollstrecken.

Er kann die beweglichen Sachen durch den Gerichtsvollzieher pfänden und verwerten lassen. Im Rahmen der Verwertung überträgt der Gerichtsvollzieher kraft Hoheitsakts das Eigentum an der Sache an den Meistbietenden – Ablieferung nach **§ 817 Abs. 2 ZPO**.

Eigentumserwerb an beweglichen Sachen in der Zwangsvollstreckung: § 817 Abs. 2 ZPO

Im Zwangsversteigerungsverfahren über Grundstücke erwirbt der Ersteher mit dem Zuschlag gemäß **§ 90 Abs. 1 ZVG** das Eigentum an dem versteigerten Grundstück einschließlich der wesentlichen Bestandteile kraft Hoheitsakts. Mit dem Eigentum am Grundstück

Eigentumserwerb an Grundstücken in der Zwangsvollstreckung: § 90 Abs. 1 ZVG erwirbt er auch das Eigentum an den beweglichen Sachen, auf die sich die Versteigerung erstreckt, **§§ 90 Abs. 2, 55 ZVG**.

Gemäß § 55 Abs. 1 ZVG erstreckt sich die Versteigerung auf die beschlagnahmten Gegenstände. Dies sind gemäß § 20 Abs. 2 ZVG auch diejenigen Gegenstände, die in den Haftungsverband der Hypothek nach § 1120 fallen, also unter anderem auch das **Zubehör (§ 97), welches im Eigentum des Grundstückseigentümers** steht.

Gemäß § 55 Abs. 2 ZVG erstreckt sich die Versteigerung allerdings auch auf **Zubehörstücke, die im Eigentum eines Dritten** stehen, soweit sie im Besitz des Schuldners standen und der Dritte sein Recht nicht nach § 37 Nr. 5 ZVG geltend macht.

1. Was sind wesentliche Bestandteile einer beweglichen Sache?

1. Wesentliche Bestandteile einer Sache sind alle Bestandteile einer Sache, bei denen durch eine Trennung der abgetrennte oder zurückbleibende Teil zerstört oder in seinem Wesen verändert wird.

2. Wie unterscheidet sich die rechtliche Behandlung von wesentlichen und „einfachen" Bestandteilen einer Sache?

2. Wesentliche Bestandteile können nicht Gegenstand besonderer Rechte sein (vgl. § 93), einfache Bestandteile dagegen schon. Wesentliche Bestandteile teilen das rechtliche Schicksal der Hauptsache, einfache Bestandteile können ein eigenes rechtliches Schicksal haben.

3. Wann ist ein „Bestandteil" eines Grundstücks nur „Scheinbestandteil"?

3. Scheinbestandteile i.S.v. § 95 sind Sachen, die nur zu einem vorübergehenden Zweck mit dem Grundstück verbunden sind. Entscheidend ist die Zweckbestimmung im Zeitpunkt der Verbindung mit dem Grundstück.

4. Wann ist eine Sache „neu" i.S.v. § 950?

4. Die Neuheit beurteilt sich nach der Verkehrsanschauung. Danach können Kriterien für die „Neuheit" sein: ein neuer Name, die völlige Umgestaltung des Ausgangsstoffes sowie die völlig andere wirtschaftliche Bedeutung der hergestellten Sache im Verhältnis zu den Ausgangsstoffen.

5. Wer ist „Hersteller" i.S.v. § 950?

5. Hersteller i.S.v. § 950 ist derjenige, in dessen Namen und wirtschaftlichem Interesse die Herstellung erfolgt, dem somit nach der Verkehrsanschauung die Herstellung zuzurechnen ist (z.B. bei Herstellung im Rahmen eines Werkvertrags der Besteller).

6. Kann über die Frage, wer „Hersteller" i.S.v. § 950 sein soll, eine Vereinbarung getroffen werden?

6. Nach h.L. ist § 950 zwingendes Recht und eine „Herstellervereinbarung" nicht möglich. Nach Ansicht der Rspr. kann eine vertragliche Absprache darüber entscheiden, wer Hersteller ist. Wer das Eigentum nicht erwerben will, soll es nach § 950 auch nicht gesetzlich erwerben.

7. Welches „Schachtelprinzip" gilt bei den §§ 953 ff.?

7. Die §§ 953–957 sind nach dem Regel-Ausnahme-Prinzip miteinander verschachtelt. Grundsätzlich erwirbt der Eigentümer der Mutter-/Hauptsache das Eigentum an den Erzeugnissen und Bestandteilen. Dies gilt nach § 954 nicht, wenn eine dingliche Nutzungsberechtigung besteht. Eine Ausnahme von §§ 953, 954 gilt nach § 955 zugunsten des gutgläubigen Eigenbesitzers, es sei denn, dass nach §§ 956, 957 ein schuldrechtlich Nutzungsberechtigter vorhanden ist.

4. Abschnitt: Bewegliche Sachen als Sicherungs-
mittel

A. Sicherungsübereignung

Wenn der Schuldner einen Kredit in Anspruch nimmt oder fällige Forderungen nicht begleichen kann, ist der Gläubiger an der Bestellung von Sicherheiten interessiert, damit gewährleistet ist, dass er im Fall der Zahlungsunfähigkeit sein Geld dennoch erhält. Als Sicherungsmittel kommen die unterschiedlichsten Dinge in Betracht: Eine andere Person kann eine Bürgschaft übernehmen, eine Forderung kann zur Sicherheit abgetreten werden und ein Grundstück kann mit einer Hypothek oder Grundschuld belastet werden. Will der Schuldner mit einer **beweglichen Sache** Sicherheit leisten, sieht das Gesetz dafür das **Pfandrecht** (§§ 1204 ff.) vor.

Bestellung eines Pfandrechts an einer beweglichen Sache erfordert Übergabe

Die Bestellung eines Pfandrechts an beweglichen Sachen setzt allerdings voraus, dass der Verpfänder den Besitz an seiner Sache verliert (vgl. § 1205). Da aber der Schuldner regelmäßig die Sache weiterhin nutzen will, kommt eine Pfandrechtsbestellung nicht in Betracht. Die Praxis hat deshalb die Sicherungsübereignung entwickelt: Der **Sicherungsgeber bleibt im Besitz der Sache** und **übereignet sie nach §§ 929 S. 1, 930 unter Vereinbarung eines Besitzkonstituts** an den Gläubiger. Der Gläubiger wird (Sicherungs-)Eigentümerin und kann – wenn der Schuldner die Forderungen nicht erfüllt – die Sache verwerten. Tilgt der Schuldner die Forderungen ordnungsgemäß, ist der Sicherungsgeber verpflichtet, die Sache an den Schuldner zurückzuübereignen.

Bei einer Sicherungsübereignung bestehen **drei Rechtsverhältnisse**:

Rechtsverhältnisse bei einer Sicherungsübereignung
I. Das **Schuldverhältnis** zwischen Gläubiger und Schuldner, aus dem sich die **zu sichernde Forderung** ergibt (z.B. Darlehen)
II. Die rechtsgeschäftliche **Übertragung des Eigentums** gemäß §§ 929 S. 1, 930 Im Regelfall überträgt der Schuldner sein Eigentum auf den Gläubiger. Notwendig ist das nicht. Es kann auch ein Dritter sein Eigentum für den Schuldner auf den Gläubiger (Sicherungsnehmer) übertragen.
III. Der schuldrechtliche **Sicherungsvertrag**, der von dem Eigentümer mit dem Gläubiger abgeschlossen und in dem **vereinbart** wird, welche Rechte und Pflichten die Parteien haben. Dieser verknüpft die Übereignung schuldrechtlich mit der zu sichernden Forderung und stellt den Rechtsgrund für die Übereignung dar.

I. Übereignung nach §§ 929 S. 1, 930

Die Sicherungsübereignung erfolgt regelmäßig nach §§ 929 S. 1, 930.

1. Einigung

Erforderlich ist eine **wirksame Einigung über den Eigentumsübergang**. Besondere Probleme können sich bei der Sicherungsübereignung hinsichtlich der **Bestimmtheit** der zu übereignenden Sachen und einer evtl. **Sittenwidrigkeit** der Einigung ergeben.

a) Bestimmtheit

Die zur Sicherung übereigneten Sachen bleiben im unmittelbaren Besitz des Sicherungsgebers. Sie müssen von den in seinem Eigentum verbleibenden Sachen unterschieden werden können. Bei der Sicherungsübereignung ist die Wahrung des **Bestimmtheitsgrundsatzes** daher von besonderer Wichtigkeit. Wird der Bestimmtheitsgrundsatz nicht gewahrt, geht die Sicherungsübereignung „ins Leere", d.h. es werden keine Sachen übereignet.

Die Sicherungsübereignung erfolgt nach dem „normalen" Aufbauschema für eine **Übereignung nach §§ 929 S. 1, 930**:

I. Einigung über den Eigentumsübergang

II. Übergabesurrogat, § 930

1. (Unmittelbarer oder mittelbarer) Besitz des Veräußerers
2. Besitzmittlungsverhältnis zwischen Veräußerer und Erwerber

III. Berechtigung des Veräußerers

> Der Bestimmtheitsgrundsatz verlangt, dass ein objektiver Dritter allein anhand der Einigung im Zeitpunkt des Eigentumsübergangs bestimmen kann, an welchen Sachen der Eigentumswechsel eintritt.

Um dem Bestimmtheitsgrundsatz auch bei der Übereignung einer Vielzahl von Sachen zu genügen, werden vor allem folgende Vereinbarungen getroffen:

- **Raumsicherungsvertrag:** Alle in einem bestimmten Raum befindlichen Sachen sollen übereignet werden.

- **Markierungsvertrag:** Alle besonders markierten Sachen (z.B. mit einem Aufkleber) werden übereignet.

- **Inventarverzeichnis:** Alle in einem Inventarverzeichnis aufgeführten (bestimmten) Sachen werden übereignet. Die Sachen müssen eindeutig zu identifizieren sein (z.B. anhand einer Seriennummer).

Klausurfalle: Mengenangabe reicht für Bestimmtheit nicht aus

Eine bloße **mengen- oder wertmäßige** Bezeichnung des Sicherungsguts reicht für die Übereignung **nicht** aus.

Beispiel: Das Warenlager des A hat einen Bestand im Wert von 80.000 €. Zwischen A und B wird schriftlich vereinbart, dass zur Sicherung des Darlehens Sachen im Wert von 20.000 € übereignet werden. Es ist keine Übereignung erfolgt, weil allein anhand der Einigung nicht festgestellt werden kann, an welchen bestimmten Sachen das Eigentum übergehen soll.

b) Sittenwidrigkeit

Die Einigung zur sicherungsweisen Übertragung des Eigentums kann sittenwidrig und damit nichtig gemäß § 138 Abs. 1 wegen **Knebelung** oder **anfänglicher Übersicherung** sein.

Knebelung
(+), wenn Beeinträchtigung der wirtschaftlichen Bewegungsfreiheit des Schuldners bei wirtschaftlicher oder persönlicher Abhängigkeit des Schuldners

aa) Die Sittenwidrigkeit kann sich aus der **Beeinträchtigung der wirtschaftlichen Bewegungsfreiheit des Schuldners** ergeben, indem der Einfluss des Gläubigers zu einer wirtschaftlichen **Knebelung** des Schuldners führt. Dies ist der Fall, wenn der Sicherungsgeber durch die Sicherungsübereignung in eine unerträgliche, die wirtschaftliche und soziale Lebensstellung vernichtende persönliche **Abhängigkeit** gebracht wird.

Beispiel: Der Hotelier B hat an seiner Hausbank A zur Sicherung eines Kredites in Höhe von 120.000 € das Hotelinventar, das in einer Inventarliste aufgeführt ist, zur Sicherheit übereignet. Im Sicherungsvertrag ist bestimmt, dass B wöchentlich einen Geschäftsbericht einzureichen hat, dass ohne Zustimmung der A-Bank kein Personal eingestellt werden darf, dass bei nicht ausreichender Belegung Personal entlassen werden muss und dass Anschaffungen über 3.000 € der Zustimmung der A-Bank bedürfen.

bb) Bei der Sicherungsübereignung erstrebt der Sicherungsnehmer eine möglichst große Sicherheit und möchte daher möglichst viele bewegliche Sachen, deren Werte die gesicherte Forderung nach Möglichkeit übersteigen sollen, übereignet bekommen. Dies kann jedoch die anderen (ungesicherten) Gläubiger unangemessen benachteiligen und auch die wirtschaftliche Bewegungsfreiheit des Schuldners einschränken, der diese Sachen anderen Gläubigern nicht als Sicherheit zur Verfügung stellen kann. Eine Sicherungsübereignung ist daher sittenwidrig, wenn eine **anfängliche Übersicherung** vorliegt.

Eine anfängliche Übersicherung liegt vor, wenn bereits **bei Vertragsschluss gewiss** ist, dass im noch ungewissen Verwertungsfall ein **auffälliges Missverhältnis zwischen dem realisierbaren Wert der Sicherheit und der gesicherten Forderung** besteht.

*Die anfängliche Übersicherung ist streng von der **nachträglichen Übersicherung** zu unterscheiden, die nicht zur Sittenwidrigkeit des Vertrags führt, sondern zu einem **ermessensunabhängigen Freigabeanspruch des Schuldners** (dazu unten S. 58). Die Berechnungsmethode für die nachträgliche Übersicherung kann auf die anfängliche Übersicherung nicht übertragen werden; wenn allerdings schon die Grenze für eine nachträgliche Übersicherung nicht erreicht ist, kann auf keinen Fall eine anfängliche Übersicherung vorliegen.*

2. Besitzmittlungsverhältnis

Das für eine Übereignung gemäß §§ 929 S. 1, 930 erforderliche Besitzmittlungsverhältnis ergibt sich regelmäßig aus dem Sicherungsvertrag (dazu ausführlich sogleich unten S. 58).

3. Berechtigung des Sicherungsgebers

Der Sicherungsgeber muss Berechtigter, d.h. verfügungsbefugter Eigentümer sein.

Ist der Sicherungsgeber (noch) nicht Eigentümer, weil sein Lieferant sich das Eigentum vorbehalten hat, überträgt er meist jedoch konkludent ein ihm zustehendes **Anwartschaftsrecht** nach §§ 929 S. 1, 930 analog (dazu ausführlich unten S. 61 ff.). Das Anwartschaftsrecht kann bei Bedingungseintritt (vollständige Kaufpreiszahlung) dann unmittelbar beim Sicherungsnehmer zum Vollrecht Eigentum erstarken.

Anfängliche Übersicherung
(+), wenn schon bei Vertragsschluss auffälliges Missverhältnis zwischen dem realisierbaren Wert der Sicherheit und der gesicherten Forderung

!
Berechnungsregeln für nachträgliche Übersicherung gelten nicht für anfängliche Übersicherung

Merke: Fehlgeschlagene Sicherungsübereignung enthält konkludente Übertragung eines Anwartschaftsrechts.

Ein gutgläubiger Erwerb des Sicherungsnehmers gemäß **§ 933** scheidet regelmäßig aus, da der Sicherungsgeber im unmittelbaren Besitz der sicherungsübereigneten Sache bleibt.

II. Sicherungsvertrag

Rechtsgrund für Sicherungsübereignung = Sicherungsvertrag (nicht: gesicherte Forderung!)

Der Sicherungsvertrag (auch Sicherungsabrede genannt) ist das **schuldrechtliche Grundgeschäft** der Sicherungsübereignung.

!

Will der Sicherungsgeber die Sicherheit nach § 812 zurückfordern, besteht der Rechtsgrund also nicht in der gesicherten Forderung (z.B. aus Darlehen), sondern in einem wirksamen Sicherungsvertrag.

Im Sicherungsvertrag werden die Rechte und Pflichten der Parteien geregelt. Vielfach vereinbaren die Parteien in der Praxis jedoch keinen ausdrücklichen Sicherungsvertrag. Auch in Klausuren wird ein bestimmter Inhalt des Sicherungsvertrags oft nicht mitgeteilt. Grundsätzlich ist davon auszugehen, dass ein Sicherungsvertrag auch ohne ausdrückliche Regelung mindestens folgenden Inhalt hat:

- Verpflichtung des Sicherungsgebers zur Bestellung bestimmter Sicherheiten = **Rechtsgrund für die Sicherungsübereignung**;

- Festlegung der **gesicherten Forderung**;

- Verpflichtung des Sicherungsgebers, das in seinem Besitz verbleibende Sicherungsgut **pfleglich zu behandeln und ausreichend zu versichern**;

- Verpflichtung des Sicherungsgebers, das Sicherungsgut im Verwertungsfall an den Sicherungsnehmer **herauszugeben**;

- Verpflichtung des Sicherungsnehmers zur **Rückübereignung** bei endgültigem Wegfall des Sicherungszwecks (z.B. bei Tilgung der gesicherten Forderung);

- Verpflichtung zur **ermessensunabhängigen Freigabe** von Sicherheiten bei **nachträglicher Übersicherung**.

Freigabeanspruch bei nachträglicher Übersicherung

Auch ohne ausdrückliche Vereinbarung ergibt sich aus dem Sicherungsvertrag also ein Freigabeanspruch des Sicherungsgebers auf Rückgabe nicht mehr benötigter Sicherheiten bei **nachträglicher Übersicherung**. Die Parteien können den Freigabeanspruch mit einer Freistellungsklausel zum Gegenstand einer ausdrücklichen vertraglichen Regelung machen. Der Anspruch besteht aber auch, wenn keine ausdrückliche Vereinbarung getroffen ist oder wenn die entsprechende Klausel unwirksam ist.

Ein Freigabeanspruch besteht, sobald eine **(nachträgliche) Übersicherung** eintritt. Dies kann z.B. der Fall sein, weil sich der Wert der Sicherheiten erhöht hat.

Beispiel: Die Parteien haben eine Raumsicherungsübereignung vereinbart. Anfänglich befanden sich in dem Raum Waren im Wert von 100.000 €; mittlerweile sind Waren im Wert von 50.000 € hinzugekommen.

Eine nachträgliche Übersicherung kann aber auch dadurch entstehen, dass der Schuldner seine Forderungen bereits zu einem Teil getilgt hat, der Wert der Sicherheiten aber gleich geblieben ist.

> Eine nachträgliche Übersicherung liegt vor, wenn der **realisierbare Wert des Sicherungseigentums mehr als 110% der gesicherten Forderung** beträgt.

Allerdings kann sehr problematisch sein, wie hoch der **realisierbare Wert des Sicherungseigentums** ist. Im Verwertungsfall wird der Sicherungsgeber oft nicht den vollen Marktwert erzielen können. Es wird deshalb vermutet, dass nur 2/3 des Wertes realisierbar sind (Gedanke des § 237).

> Es besteht daher eine widerlegliche Vermutung, dass eine Übersicherung gegeben ist, wenn der **Schätzwert des Sicherungsguts 150% der gesicherten Forderung** übersteigt.

Beispiel: Die zu sichernde Forderung beträgt 100.000 €. Übersteigt der realisierbare Wert der zur Sicherheit übereigneten Sachen 110%, also 110.000 €, liegt eine Übersicherung vor. Fraglich ist aber, welcher Wert tatsächlich realisierbar ist. Hier kann nicht allein der aktuelle Schätzwert zugrunde gelegt werden, da sich z.B. die Marktverhältnisse ändern können. Von dem Schätzwert muss deshalb ein Abschlag vorgenommen werden. Dies wird von der Rspr. entsprechend § 237 S. 1 gemacht, wonach Sicherheit mit beweglichen Sachen nur i.H.v. 2/3 ihres Schätzwerts geleistet werden kann. Beträgt der Wert des Warenlagers 150.000 €, wird vermutet, dass der realisierbare Wert 100.000 € beträgt. Bei dieser Pauschalierung ist dann allerdings der 10%-ige Sicherheitszuschlag nicht gesondert zu berücksichtigen.

Wird der Freigabeanspruch des Schuldners durch AGB beschränkt – z.B. dadurch, dass die Freigabe in das **Ermessen des Sicherungsnehmers** gestellt wird –, ist die Beschränkung nach § 307 unwirksam. Die Unwirksamkeit der Klausel führt nicht zur Unwirksamkeit des gesamten Sicherungsvertrags; vielmehr tritt an die Stelle der unwirksamen Freigabeklausel der **ermessensunabhängige Freigabeanspruch** des Sicherungsgebers (§ 306 Abs. 2).

Marginalien:

Gründe für nachträgliche Übersicherung:
- Wert/Menge der Sicherheiten erhöht sich
- Forderung ist teilweise getilgt

Ermessensabhängige Freigabeklausel verstößt gegen § 307; Rechtsfolge: Ermessensunabhängiger Freigabeanspruch

1. Warum hat sich in der Praxis das (ungeregelte) Sicherungseigentum als Sicherungsmittel bei beweglichen Sachen gegenüber dem Pfandrecht durchgesetzt?

1. Die Sicherungsübereignung nach §§ 929, 930 bietet dem Schuldner den Vorteil, dass er – anders als beim Pfandrecht (vgl. §§ 1205 ff.) – die Sache weiter besitzen und damit auch nutzen kann.

2. Welche Rechtsverhältnisse bestehen bei einer Sicherungsübereignung?

2. Das Schuldverhältnis, aus dem sich die zu sichernde Forderung ergibt (z.B. Darlehen), die dingliche Übereignung (§§ 929 S. 1, 930) und der Sicherungsvertrag, der den Rechtsgrund für die Sicherungsübereignung enthält und die zu sichernde Forderung bestimmt.

3. Woraus ergibt sich das im Falle der nach §§ 929, 930 erfolgten Sicherungsübereignung erforderliche Rechtsverhältnis?

3. Nach h.M. wird der Sicherungsvertrag als für die Begründung des Besitzmittlungsverhältnisses erforderliches Rechtsverhältnis ausreichend angesehen.

4. Was besagt der Bestimmtheitsgrundsatz?

4. Der Bestimmtheitsgrundsatz verlangt, dass ein objektiver Dritter allein anhand der Einigung im Zeitpunkt des Eigentumsübergangs bestimmen kann, an welchen Sachen der Eigentumswechsel eintritt.

5. Was sind die wichtigsten Fälle der Sittenwidrigkeit des Sicherungsvertrags? Wann sind diese Fallgruppen gegeben?

5. Die wichtigsten Fälle sind die Knebelung und die ursprüngliche Übersicherung. Eine Knebelung des Schuldners liegt vor, wenn der Schuldner in eine unerträgliche, die wirtschaftliche und soziale Lebensstellung vernichtende persönliche Abhängigkeit gebracht wird. Eine ursprüngliche Übersicherung liegt vor, wenn bereits bei Vertragsschluss gewiss ist, dass im noch ungewissen Verwertungsfall ein auffälliges Missverhältnis zwischen dem realisierbaren Wert der Sicherheit und der gesicherten Forderung besteht.

6. Wann liegt eine nachträgliche Übersicherung vor und was ist deren Rechtsfolge?

6. Eine nachträgliche Übersicherung liegt vor, wenn der realisierbare Wert des Sicherungseigentums den der Forderung um 110% übersteigt. Es besteht eine widerlegbare Vermutung (§ 237 entsprechend), dass nur 2/3 des Schätzwertes realisiert werden können und daher eine Übersicherung gegeben ist, wenn der Schätzwert des Sicherungsgutes den Wert der gesicherten Forderung um 150% übersteigt. Bei nachträglicher Übersicherung hat der Sicherungsgeber – auch ohne ausdrückliche Vereinbarung – einen ermessensunabhängigen Freigabeanspruch.

B. Anwartschaftsrecht und Eigentumsvorbehalt

Ein Anwartschaftsrecht (auf Erwerb des Eigentums an einer Sache) entsteht, wenn von einem **mehraktigen Erwerbstatbestand schon so viele Erfordernisse erfüllt sind, dass eine gesicherte Erwerbsposition des Erwerbers entsteht, die der Veräußerer nicht mehr einseitig vernichten kann.**

> Anwartschaftsrecht = Erwerber hat zwar noch kein Eigentum, aber eine gesicherte Position, sodass er ganz sicher Eigentümer wird

Die Übereignung einer beweglichen Sache vollzieht sich in mehreren Schritten: Neben der Einigung ist die Übergabe der Sache bzw. ein Übergabesurrogat erforderlich. Der Erwerber erlangt ein Anwartschaftsrecht, wenn so viele Schritte verwirklicht sind, dass der Eigentumserwerb „sicher" ist, d.h. wenn der Veräußerer das „werdende Eigentum" des Erwerbers nicht mehr verhindern kann.

Hauptanwendungsfall ist das **Anwartschaftsrecht des Vorbehaltskäufers.** Bei einem Eigentumsvorbehalt übergibt der Veräußerer dem Erwerber die Sache. Allerdings steht die Einigung i.S.d. § 929 S. 1 unter der aufschiebenden Bedingung (§ 158), dass der Erwerber den Kaufpreis (vollständig) zahlt, vgl. § 449 Abs. 1. Bis zur vollständigen Kaufpreiszahlung behält der Veräußerer das Eigentum, doch der Erwerber kann sicher sein, das Eigentum bei Kaufpreiszahlung „automatisch" zu erhalten:

> Sicherungsmittel des Verkäufers einer Sache: Er behält das Eigentum an der Sache bis zur vollständigen Kaufpreiszahlung

- Weigert sich der Vorbehaltsverkäufer, den Kaufpreis entgegenzunehmen, wird gemäß **§ 162 Abs. 1** der **Bedingungseintritt fingiert**, und der Käufer erwirbt das Volleigentum.

- Verfügt der Eigentümer vor Bedingungseintritt an einen Dritten, so wird diese **Zwischenverfügung bei Bedingungseintritt unwirksam, § 161 Abs. 1 S. 1**.

Die rechtliche Einordnung des Anwartschaftsrechts ist im Einzelnen umstritten. Nach h.M. ist das Anwartschaftsrecht eine Vorstufe des zu erwerbenden dinglichen Rechts, ein **wesensgleiches Minus gegenüber dem zu erwerbenden Eigentum.** Mangels einer gesetzlichen Regelung für das Anwartschaftsrecht werden daher die **Vorschriften über das Vollrecht Eigentum analog** auf das Anwartschaftsrecht angewandt, d.h. ein Anwartschaftsrecht wird nach den §§ 929 ff. übertragen, der gutgläubige Erwerb richtet sich nach den §§ 932 ff. etc.

> Für AWR gelten die §§ 929 ff., 932 ff. analog

I. Entstehen des Anwartschaftsrechts

Das Anwartschaftsrecht entsteht durch eine **Übereignung unter einer aufschiebenden Bedingung**, deren Eintritt möglich sein muss.

> ### Aufbauschema: Entstehen eines Anwartschaftsrechts
>
> **I.** Bedingte Einigung über den Eigentumsübergang, §§ 929, 158
>
> **II.** Übergabe bzw. Übergabesurrogat
>
> **III.** Berechtigung des Veräußerers (wenn er verfügungsbefugter Eigentümer oder zur Verfügung ermächtigt ist)
>
> Falls (–), gutgläubiger Erwerb des Anwartschaftsrechts gemäß §§ 932 ff. analog möglich
>
> **IV.** Möglichkeit des Bedingungseintritts

Fehlt dem Vorbehaltsverkäufer die Berechtigung, kann der Vorbehaltskäufer das Anwartschaftsrecht **analog §§ 932 ff. gutgläubig** erwerben. Mit der Zahlung des Kaufpreises erwirbt der Vorbehaltskäufer auch dann das Eigentum, wenn er inzwischen von der Nichtberechtigung des Vorbehaltsverkäufers erfahren hat.

Beispiel: E hatte in einer großen Fabrikhalle des N Maschinen untergestellt. Von diesen Maschinen veräußerte N zwei unter Eigentumsvorbehalt an K und übergab sie ihm. K konnte davon ausgehen, dass N Eigentümer war. Bald darauf erfährt E davon und verlangt die Maschinen heraus. Daraufhin zahlt K an N den noch offen stehenden Restkaufpreis. Fraglich ist, ob K gutgläubig Eigentum erwerben kann. Im Zeitpunkt der Übergabe war er gutgläubig, im Zeitpunkt des Wirksamwerdens der Einigung durch Kaufpreiszahlung nicht mehr. Diese nachträgliche Bösgläubigkeit ist jedoch unschädlich: K hat gutgläubig ein Anwartschaftsrecht erworben und kann sich jetzt darauf verlassen, dass er durch die Kaufpreiszahlung Eigentümer wird.

II. Übertragung des Anwartschaftsrechts

Unterscheide:
„Ersterwerb" eines AWR durch bedingte Übereignung
„Zweiterwerb" eines AWR durch Übertragung eines bereits bestehenden AWR

Obwohl der Begriff „Anwartschafts*recht*" eigentlich nahe legt, auf die Übertragung die §§ 398, 413 anzuwenden, werden nach h.M. die Vorschriften über das Eigentum analog angewandt: Die Übertragung eines Anwartschaftsrechts erfolgt also nach den §§ 929 ff. analog.

> ### Aufbauschema: Übertragung eines Anwartschaftsrechts
>
> **I.** Einigung über die Übertragung des Anwartschaftsrechts
>
> **II.** Übergabe bzw. Übergabesurrogat
>
> **III.** Berechtigung des Veräußerers (wenn er Inhaber des Anwartschaftsrechts ist)
>
> Falls (–), gutgläubiger (Zweit-)Erwerb des Anwartschaftsrechts gemäß §§ 932 ff. analog möglich
>
> **IV.** Möglichkeit des Bedingungseintritts

Ist das Anwartschaftsrecht wirksam auf einen Dritten übertragen worden, tritt dieser an die Stelle des Vorbehaltskäufers. Die schuldrechtlichen Beziehungen zwischen Vorbehaltsverkäufer und Vorbehaltskäufer bleiben davon allerdings unberührt. Mit der Zahlung des Kaufpreises an den Vorbehaltsverkäufer tritt – unabhängig vom Zahlenden – die Bedingung ein. Der Dritte wird nach h.M. ohne Zwischenerwerb des Vorbehaltskäufers Eigentümer (sogenannter **Direkterwerb**).

*Der **Vorteil eines Direkterwerbs gegenüber dem Durchgangserwerb** besteht vor allem darin, dass das Eigentum in der juristischen Sekunde, in der es dem Vorbehaltskäufer zustehen würde, mit Rechten Dritter belastet werden könnte.*

Ein **gutgläubiger Zweiterwerb** eines Anwartschaftsrechts unter den Voraussetzungen der §§ 932 ff. ist grundsätzlich möglich. Erfasst sind davon Fälle, in denen der Veräußerer nicht behauptet, Eigentümer zu sein, sondern ein Anwartschaftsrecht erworben zu haben. Hierbei ist allerdings zu differenzieren:

- Besteht das behauptete Anwartschaftsrecht überhaupt nicht, scheidet ein Gutglaubenserwerb nach den §§ 932 ff. analog aus. Der gute Glaube an eine schuldrechtliche Grundlage wird durch die §§ 932 ff. nicht geschützt.

- Besteht aber tatsächlich ein Anwartschaftsrecht, verfügt darüber jedoch ein anderer als der eigentliche Anwartschaftsberechtigte, finden die §§ 932 ff. analog nach h.M. grundsätzlich Anwendung.

Beispiel 1: E hat an K unter Eigentumsvorbehalt verkauft und die Sache übergeben. K überträgt durch Einigung und Übergabe sein Anwartschaftsrecht an A. Nunmehr stellt sich heraus, dass der Kaufvertrag E–K unwirksam ist. Da mangels Wirksamkeit des Kaufvertrags der Bedingungseintritt unmöglich ist, hat A, selbst wenn er auf die Wirksamkeit des Kaufvertrags vertraut hat, kein Anwartschaftsrecht erworben. Der gute Glaube an das Bestehen einer Forderung ist nicht geschützt.

Beispiel 2: E veräußert eine Sache unter Eigentumsvorbehalt an K. Dieser leiht sie N, der vorgibt, Anwartschaftsberechtigter zu sein und sie an A weiterveräußert. Vorliegend ist der Kaufvertrag E–K wirksam, die Bedingung kann also noch eintreten. Nach h.M. konnte A vom Nichtberechtigten N wirksam das Anwartschaftsrecht erwerben. Dagegen wendet sich ein Teil der Lit.: Die Möglichkeit eines gutgläubigen Zweiterwerbs eines Anwartschaftsrechts sei allgemein abzulehnen, denn die Behauptung des Verkäufers, Inhaber eines Anwartschaftsrechts zu sein, könne nicht als Träger eines Rechtsscheins anerkannt werden.

Der neue AWR-Inhaber erwirbt das Eigentum bei Bedingungseintritt unmittelbar vom früheren Eigentümer (sogenannter **Direkterwerb**)

!

III. Erlöschen des Anwartschaftsrechts

Das Anwartschaftsrecht **erlischt**, wenn

- es durch **Eintritt der Bedingung** zum Vollrecht erstarkt;
- ein Dritter **lastenfreies Eigentum** erwirbt;
- der **Bedingungseintritt nicht mehr möglich** ist, weil die Erfüllung der Kaufpreisforderung infolge einer Rückabwicklung des Kaufvertrags unmöglich ist;
- es **einverständlich aufgehoben** wird oder der **Anwartschaftsberechtigte darauf verzichtet.**

IV. Schutz des Anwartschaftsrechts

1. Schutz vor Zwischenverfügungen des Eigentümers

Hat der Eigentümer unter einer aufschiebenden Bedingung verfügt, sind an der Sache zwei Personen berechtigt:

- Der Erwerber erhält ein **Anwartschaftsrecht** und
- der Eigentümer behält das **Eigentum** an der Sache, bis die Bedingung eintritt.

Eigentümer bleibt trotz AWR verfügungsbefugt

Der Eigentümer ist aber weiterhin zur Verfügung über sein Eigentum berechtigt. **Das Bestehen eines Anwartschaftsrechts schränkt die Verfügungsbefugnis des Eigentümers nicht ein.** Übereignet der Eigentümer die Sache jetzt an einen Dritten, erwirbt dieser (zunächst) Eigentum nach den §§ 929 ff.

Zwischenverfügung wird bei Bedingungseintritt gemäß § 161 Abs. 1 unwirksam

Schutz bietet dem Anwartschaftsberechtigten allerdings **§ 161 Abs. 1 S. 1**: Danach ist eine Verfügung während der Schwebezeit – also zwischen Einigung und Bedingungseintritt – unwirksam, soweit sie die von der Bedingung abhängige Wirkung – also den Erwerb des Eigentums – vereiteln würde. Die Wirkung des § 161 Abs. 1 S. 1, nämlich die Unwirksamkeit der Verfügung an den Dritten, tritt allerdings erst ex-nunc mit Bedingungseintritt ein. Der Dritte erwirbt also zunächst vom Eigentümer tatsächlich das Eigentum an der Sache. Mit Bedingungseintritt wird diese Verfügung unwirksam, sodass der Anwartschaftsberechtigte Eigentümer wird.

Der Dritte kann jedoch nach **§ 161 Abs. 3 gutgläubig „anwartschaftsrechtsfreies" Eigentum** erwerben. Allerdings scheidet ein gutgläubiger anwartschaftsrechtsfreier Erwerb nach h.M. **analog § 936 Abs. 3** aus, solange der Anwartschaftsberechtigte im Besitz der Sache bleibt. Gibt er die Sache also nicht aus der Hand – insbesondere nicht an den Eigentümer zurück –, ist er auch vor einem gutgläubigen anwartschaftsrechtsfreien Erwerb geschützt.

Der Dritte wird durch § 161 Abs. 3 geschützt, wenn er gutgläubig ist und der Anwartschaftsberechtigte nicht im Besitz der Sache ist (§ 936 Abs. 3).

Beispiel: V verkauft K einen Fernseher unter Eigentumsvorbehalt. Vor Zahlung der letzten Rate veräußert V den Fernseher an den gutgläubigen D und tritt ihm den Herausgabeanspruch gegen K ab. Hat K mit Zahlung der letzten Rate das Eigentum erworben?

K hat vom Berechtigten V gemäß §§ 929 S. 1, 158 Abs. 1 durch bedingte Einigung und Übergabe ein Anwartschaftsrecht erworben. Er könnte es jedoch wieder verloren haben, wenn D uneingeschränkter Eigentümer des Fernsehers geworden ist. V und D haben sich über den Eigentumsübergang geeinigt und V hat seinen Herausgabeanspruch gegen K an D abgetreten, §§ 929 S. 1, 931. V war im Zeitpunkt der Übereignung an D auch noch Eigentümer und damit berechtigt. Die Verfügung an D könnte jedoch gemäß § 161 Abs. 1 S. 1 durch Zahlung der letzten Rate unwirksam geworden sein. Dies wäre allerdings nicht der Fall, wenn D gutgläubig anwartschaftsrechtsfreies Eigentum erworben hätte, §§ 161 Abs. 3, 932 ff. Zwar war D gutgläubig, gemäß § 936 Abs. 3 war K jedoch im Besitz des Fernsehers, sodass das Anwartschaftsrecht nicht erlöschen konnte. K hat mit Zahlung der letzten Rate das Eigentum an dem Fernseher erworben.

Abwandlung: K hat den Fernseher V zur Reparatur zurückgebracht und V veräußert ihn unter Übergabe an D.

Hier hat D gutgläubig anwartschaftsrechtsfreies Eigentum erworben: Die Voraussetzungen des § 932 liegen vor und K war auch nicht im Besitz des Fernsehers, sodass § 936 Abs. 3 nicht anwendbar ist. Das Anwartschaftsrecht des K ist untergegangen durch den lastenfreien Erwerb des D.

2. Schutz bei Wegnahme der Sache

Wird dem Anwartschaftsberechtigten der Besitz an der Sache entzogen, kann er als früherer Besitzer **Herausgabe** nach den Besitzschutzvorschriften, §§ 861, 1007, verlangen.

§§ 861, 1007

Im Verhältnis zu einem Dritten wird ganz überwiegend auch die Anwendung von **§ 985 analog** bejaht; gegenüber dem Eigentümer kann dieser Anspruch allerdings nicht durchgreifen, da dem Eigentümer selbst ein Anspruch aus § 985 unmittelbar zusteht. Allerdings steht dem Anwartschaftsberechtigten gegenüber dem Eigentümer **aus dem Kaufvertrag** schuldrechtlich ein **Recht zum Besitz** i.S.d. § 986 Abs. 1 S. 1 zu. Dieses Besitzrecht erlischt erst, wenn der Vorbehaltsverkäufer von dem Kaufvertrag wirksam zurückgetreten ist, **§ 449 Abs. 2**.

§ 985 analog

3. Schutz bei Beschädigung der Sache

§ 823 Abs. 1
(AWR = sonstiges Recht)

Wird die Sache, an der ein Anwartschaftsrecht besteht, von einem Dritten beschädigt, kann der Eigentümer **Schadensersatz** nach § 823 Abs. 1 verlangen. Das Anwartschaftsrecht ist als **sonstiges Recht** ebenfalls geschützt, sodass auch dem Anwartschaftsberechtigten ein Schadensersatzanspruch zusteht. Umstritten ist die Frage, in welcher Höhe Eigentümer und Anwartschaftsberechtigter Schadensersatz verlangen können:

■ Nach der Rspr. ist eine **Aufteilung des Schadens** zwischen Eigentümer und Anwartschaftsberechtigten entsprechend des bereits entrichteten Kaufpreises vorzunehmen.

■ Die h.Lit. nimmt eine **gemeinschaftliche Gläubigerschaft** an, die auf eine entsprechende Anwendung des § 432 oder des § 1281 gestützt wird.

1. Was ist ein Anwartschaftsrecht (AWR)?

1. Von einem AWR kann man sprechen, wenn von einem mehraktigen Erwerbstatbestand schon so viele Erfordernisse erfüllt sind, dass eine gesicherte Erwerbsposition des Erwerbers entsteht, die der Veräußerer nicht mehr einseitig vernichten kann.

2. Wie entsteht ein AWR auf Eigentumserwerb an einer beweglichen Sache?

2. Ein „Ersterwerb" des AWR auf das Eigentum an einer beweglichen Sache entsteht, wenn die Sache unter einer aufschiebenden Bedingung übereignet wird (§§ 929, 158 Abs. 1) und der Bedingungseintritt noch möglich ist.

3. Welche Beziehung besteht bei dem Eigentumsvorbehaltskauf zwischen Kaufvertrag und AWR?

3. Das AWR ist akzessorisch. Es besteht nur solange und es kann nur dann durch Bedingungseintritt zum Vollrecht erstarken, wenn der Kaufvertrag noch besteht.

4. Kann der (Vorbehalts-)Eigentümer das Eigentum auf einen gutgläubigen Dritten übertragen, solange das AWR des AWR-Berechtigten besteht?

4. Der AWR-Berechtigte ist wegen der aufschiebenden Bedingung gemäß § 161 geschützt: Während der Schwebezeit vom (Vorbehalts-)Eigentümer getroffene Verfügungen werden mit Eintritt der Bedingung unwirksam, soweit das bedingt eingeräumte Recht beeinträchtigt wird. Nach § 161 Abs. 3 ist aber ein gutgläubiger Erwerb möglich. Allerdings gilt auch § 935, sodass der AWR-Berechtigte wiederum geschützt ist, wenn ihm der Besitz an der Sache ohne seinen Willen entzogen wird.

5. Wie kann ein AWR übertragen werden?

5. Die Übertragung eines AWR erfolgt analog den für die Übertragung des Vollrechts geltenden Regeln. Das AWR auf Eigentumserwerb an einer beweglichen Sache wird daher analog §§ 929 ff. übertragen. Allerdings müssen sich die Parteien nicht über die Übertragung des „Eigentums", sondern des „AWR" einigen. Erforderlich ist des Weiteren die Übergabe der Sache oder der Ersatz durch ein Übergabesurrogat.

6. Was passiert nach Übertragung des AWR auf einen Zweiterwerber, wenn die Bedingung eintritt?

6. Nach h.M. erwirbt der neue AWR-Rechtsinhaber das Eigentum im Wege des Direkterwerbs, da der frühere Inhaber seine Erwerbsposition auf ihn übertragen hat.

7. Wie ist der Vorbehaltsverkäufer bei Beschädigung der Sache durch Dritte geschützt?

7. Der Dritte begeht eine Eigentumsverletzung (§ 823 Abs. 1) am Vorbehaltseigentum. Der Schaden besteht im Verlust bzw. der Minderung der Sicherheit. Nach der Rspr. ist eine Aufteilung des Schadens zwischen Eigentümer und AWR-Berechtigtem entsprechend des bereits entrichteten Kaufpreises vorzunehmen. Die h.Lit. nimmt eine gemeinschaftliche Gläubigerschaft an, die auf eine entsprechende Anwendung des § 432 oder des § 1281 gestützt wird.

V. Besondere Arten des Eigentumsvorbehalts

1. Erweiterter Eigentumsvorbehalt

Bei einem **erweiterten Eigentumsvorbehalt** geht das Eigentum nicht schon mit der Tilgung des Kaufpreises, sondern erst dann über, wenn weitere Forderungen erfüllt worden sind. Sicherungsfähig sind alle gegenwärtigen und künftigen Forderungen.

2. Nachträglicher Eigentumsvorbehalt

Hat der Veräußerer das Eigentum auf den Erwerber übertragen und kann der Erwerber den Kaufpreis nicht wie vereinbart zahlen, können die Parteien auch **nachträglich** wirksam einen Eigentumsvorbehalt vereinbaren mit der Folge, dass der Veräußerer wieder Eigentümer und der Erwerber Anwartschaftsberechtigter wird. Umstritten ist allerdings, wie dies konstruktiv geschieht:

- Nach einer Ansicht erfolgt eine **Rückübertragung des Eigentums** auf den Verkäufer nach §§ 929, 930 und eine **neue aufschiebend bedingte Übereignung** an den Käufer, §§ 929 S. 2, 158 Abs. 1.

- Die Gegenmeinung nimmt an, dass eine **Rückübertragung des um das Anwartschaftsrecht gekürzten Eigentums** erfolgt. Der Käufer behält ein **Anwartschaftsrecht** und der Verkäufer erwirbt gemäß §§ 929, 930, 158 Abs. 2, 930 das um das Anwartschaftsrecht **„gekürzte"** Eigentum unter der **auflösenden Bedingung** vollständiger Kaufpreiszahlung zurück.

3. Verlängerter Eigentumsvorbehalt

„Verlängerter Eigentumsvorbehalt" = Austausch des Sicherungsmittels

Besonders klausurrelevant ist der „verlängerte Eigentumsvorbehalt". Ein einfacher Eigentumsvorbehalt kommt als Sicherungsmittel nur in Betracht, wenn der Käufer die Sache selbst nutzen möchte. Soll sie durch ihn – vor Kaufpreiszahlung – jedoch verarbeitet oder weiterveräußert werden, muss an die Stelle des vorbehaltenen Eigentums als Sicherungsmittel eine **andere Sicherheit** treten. Der Eigentumsvorbehalt wird dazu eigentlich nicht „verlängert", sondern durch ein anderes Sicherungsmittel ersetzt. Hinsichtlich des Sicherungsmittels ist zwischen einer Verarbeitung durch den Vorbehaltskäufer und einer Weiterveräußerung zu unterscheiden.

a) Verarbeitungsklausel

Liefert der Verkäufer eine Sache unter Eigentumsvorbehalt, die zur **Weiterverarbeitung** bestimmt ist, besteht die Gefahr, dass er das Eigentum nach **§ 950** durch Verarbeitung oder Umbildung der Sache noch vor Kaufpreiszahlung verliert. Die Parteien können auch nicht mit dinglicher Wirkung ausschließen, dass ein Eigentumserwerb nach § 950 stattfindet. Der Eigentumserwerb nach § 950 ist originär; er vollzieht sich unabhängig vom rechtsgeschäftlichen Willen der Beteiligten.

„Verarbeitungsklausel" bei Weiterverarbeitung der bedingt übereigneten Sache

Die Parteien können sich in einer sogenannten **Verarbeitungsklausel** vertraglich darüber verständigen, dass Hersteller nicht der Vorbehaltskäufer, sondern der Vorbehaltsverkäufer ist. Dies soll zur Folge haben, dass nicht der Vorbehaltskäufer durch die Verarbeitung nach § 950 das Eigentum an der neuen Sache erwirbt, sondern der Vorbehaltsverkäufer.

Es ist allerdings umstritten, ob der Begriff des „Herstellers" i.S.d. § 950 von den Parteien wirksam vereinbart werden kann (dazu ausführlich bereits oben S. 45 ff.).

Ein durch eine Verarbeitungsklausel verlängerter Eigentumsvorbehalt kann mit einer **antizipierten Sicherungsübereignung des Vorbehaltskäufers kollidieren**. Nach h.M. geht in der Regel der Eigentumsvorbehalt vor. Unabhängig davon, ob der Vorbehaltsverkäufer wirksam als Hersteller vereinbart wurde oder ihm die neu hergestellten Sachen sicherungsübereignet werden, erlangt er das Eigentum. Im Falle mehrfacher Sicherungsübereignung geht die h.M. nämlich davon aus, dass der unmittelbare Besitzer nur für denjenigen besitzen will, mit dem er zuletzt eine Sicherungsübereignung vereinbart hat, in der Regel also für den Vorbehaltsverkäufer. Selbst wenn die Sicherungsübereignung ausnahmsweise zuletzt mit der Bank vereinbart worden sein sollte, wäre eine solche Sicherungsübereignung sittenwidrig und damit nichtig, wenn die Bank mit einer Verarbeitungsklausel durch Warenlieferanten rechnen musste.

Kollision von Verarbeitungsklausel und Sicherungsübereignung

Beispiel: V verkauft an K unter Eigentumsvorbehalt mit Verarbeitungsklausel Weintrauben aus denen K Wein herstellt. K hat jedoch alle Weinbestände antizipiert an seine Bank B sicherungsübereignet. Fraglich ist daher, wer im Moment der Herstellung des Weins das Eigentum erwirbt. Hält man den Herstellerbegriff für frei vereinbar, tritt ein originärer Eigentumserwerb an dem Wein bei V gemäß § 950 ein, sodass die Sicherungsübereignung an B „ins Leere" geht. Deutet man die Verarbeitungsklausel in eine antizipierte Sicherungsübereignung des Weines von K an V um, erwirbt nach § 950 zunächst K das Eigentum an dem Wein. Die Sicherungsübereignungen an V und B kollidieren

69

miteinander. Vorrang hat jedoch die Sicherungsübereignung an V: Diese ist zuletzt vereinbart worden, sodass K zum Ausdruck gebracht hat, nur für V besitzen zu wollen. Nach beiden Ansichten erlangt V also Eigentum an dem Wein, der aus seinen Trauben hergestellt worden ist.

b) Vorausabtretungsklausel

„Vorausabtretungsklausel" bei Weiterveräußerung der bedingt übereigneten Sache

Liefert der Verkäufer eine Sache unter Eigentumsvorbehalt, die zur **Weiterveräußerung** bestimmt ist, und will der Käufer den Kaufpreis erst aus dem von ihm erzielten Veräußerungserlös bezahlen, können die Parteien einen verlängerten Eigentumsvorbehalt mit Vorausabtretungsklausel vereinbaren.

aa) Der Vorbehaltskäufer muss seinem Abkäufer sofort das Eigentum verschaffen, wenn dieser den vollen Kaufpreis zahlt. Der Eigentumsübergang darf nicht davon abhängig sein, dass auch der ursprüngliche Vorbehaltsverkäufer wegen seiner Forderungen gegen den Vorbehaltskäufer befriedigt wird. Der Vorbehaltsverkäufer muss daher den Vorbehaltskäufer ermächtigen, über die Sache zu verfügen (§ 185 Abs. 1). Damit der Vorbehaltsverkäufer nicht ungesichert ist, tritt der Vorbehaltskäufer ihm im Gegenzug die Kaufpreisforderung gegen seinen Abkäufer sicherungshalber ab. Das vorbehaltene Eigentum als Sicherungsmittel wird also durch eine **Sicherungsabtretung** ersetzt.

Inhalt eines verlängerten Eigentumsvorbehalts mit Vorausabtretungsklausel

- **Übereignung** der Sache vom Vorbehaltsverkäufer auf den Vorbehaltskäufer unter der **aufschiebenden Bedingung vollständiger Kaufpreiszahlung**, §§ 929 S. 1, 158 Abs. 1

- Der Vorbehaltskäufer tritt dem Vorbehaltsverkäufer **seine künftigen Forderungen** gegen die Abkäufer aus der Weiterveräußerung antizipiert ab, § 398 (sogenannte **Vorausabtretung**).

- Der Vorbehaltsverkäufer **ermächtigt** den Vorbehaltskäufer zur **Weiterveräußerung** der Sache im gewöhnlichen Geschäftsverkehr, **§ 185 Abs. 1**.
  Diese Ermächtigung steht allerdings unter der Bedingung, dass die Vorausabtretung wirksam ist.

- Der Vorbehaltsverkäufer **ermächtigt** den Vorbehaltskäufer wiederum, die Forderungen für ihn **einzuziehen** (§§ 362 Abs. 2, 185 Abs. 1) mit der Verpflichtung, den eingezogenen Betrag an den Vorbehaltsverkäufer weiterzuleiten.

---

*Wenn in einer Klausur von einem „verlängerten Eigentumsvorbehalt"
die Rede ist, ohne dass der Sachverhalt nähere Angaben dazu enthält,
ist im Zweifel ein verlängerter Eigentumsvorbehalt mit Vorausabtretungsklausel gemeint. Sie dürfen in diesem Fall davon ausgehen, dass
der vorstehende Inhalt von den Parteien vereinbart worden ist.*

Beispiel: V veräußert an K zehn Radios unter verlängertem Eigentumsvorbehalt. K veräußert eines der Radios an D. K kann seine Raten nicht mehr zahlen.
Welche Ansprüche hat V gegen D, wenn D den Kaufpreis für das Radio noch
nicht gezahlt hat?

1. V könnte von D Herausgabe des Radios verlangen, wenn er noch Eigentümer
ist. D könnte jedoch gemäß § 929 das Eigentum von K erlangt haben. K und D
haben sich über den Eigentumsübergang geeinigt und K hat dem D das Radio
übergeben. Fraglich ist, ob K zur Verfügung berechtigt war. Zwar war er nicht
verfügungsbefugter Eigentümer, doch der V hatte ihn im Rahmen des verlängerten Eigentumsvorbehalts zur Weiterveräußerung gemäß § 185 Abs. 1 ermächtigt. D hat also das Eigentum an dem Radio von dem Berechtigten K erlangt, sodass V Herausgabe nicht verlangen kann.

2. V könnte gegen D jedoch einen Anspruch auf Kaufpreiszahlung haben,
§§ 433 Abs. 2, 398. K und D haben einen Kaufvertrag über ein Radio geschlossen, sodass die Kaufpreisforderung des K gegen D entstanden ist. V und K haben sich antizipiert darüber geeinigt, dass K dem V diese Forderung abtritt,
§ 398. Damit kann V von D Zahlung des Kaufpreises für das Radio verlangen.

bb) Vereinbart der Vorbehaltskäufer mit seinem Abkäufer ein **Abtretungsverbot (§ 399 Alt. 2)** mit der Folge, dass der Vorbehaltsverkäufer die Forderung aus dem Weiterverkauf nicht erwirbt,
greift die Ermächtigung nach § 185 Abs. 1 nicht ein. Die Ermächtigung zur Weiterveräußerung steht nämlich unter der Bedingung
(§ 158) einer wirksamen Vorausabtretung. Der Vorbehaltskäufer
verfügt mangels wirksamer Ermächtigung als Nichtberechtigter.
Der Abkäufer kann jedoch gutgläubig gemäß §§ 932 ff. bzw. § 366
HGB erwerben.

Klausurklassiker:
Verlängerter Eigentums-
vorbehalt mit Voraus-
abtretungsklausel bei
gleichzeitiger Verein-
barung eines Abtretungs-
verbots

Beim beiderseitigen Handelskauf ist **§ 354 a HGB** zu beachten. Das
Abtretungsverbot ist unwirksam. Da in diesem Fall der Vorbehalts-
verkäufer die Forderung aus dem Weiterverkauf erwirbt, ist die
Weiterveräußerung von der Ermächtigung gedeckt.

Abtretungsverbot bei
Kaufleuten nach § 354 a
HGB unwirksam

cc) Häufig hat der Eigentumsvorbehaltskäufer bereits vor Abschluss des Kaufvertrags zur Sicherung etwa eines Betriebsmittel-
kredits alle gegenwärtigen und künftigen Forderungen gegen
Dritte im Rahmen einer **Globalzession** an eine Bank abgetreten.
Diese Abtretungen kollidieren dann mit der Vorausabtretung im
Rahmen eines verlängerten Eigentumsvorbehalts. Grundsätzlich
gilt bei mehrfacher Abtretung einer Forderung das **Prioritätsprin-
zip** (vgl. § 185 Abs. 2 S. 1, § 161 Abs. 1), wonach die zeitlich erste Ab-

Klausurklassiker:
Kollision von verlänger-
tem Eigentumsvorbehalt
mit Globalzession

tretung wirksam ist. Dies gilt auch bei künftigen Forderungen. Demnach wäre in aller Regel die Globalzession zugunsten der Bank wirksam, während der verlängerte Eigentumsvorbehalt ins Leere geht.

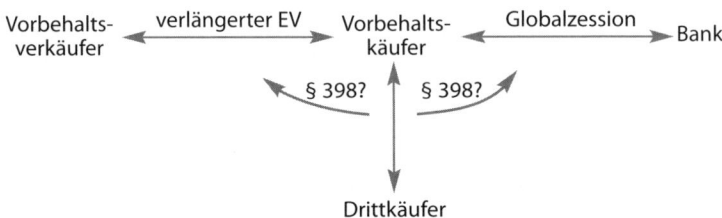

Globalzession bei verlängertem Eigentumsvorbehalt wegen Verleitung zum Vertragsbruch gemäß § 138 Abs. 1 nichtig

Die Globalzession ist in solchen Fällen jedoch meist gemäß **§ 138 Abs. 1 sittenwidrig** und damit nichtig. Nach der Rspr. des BGH ist dies bei zur Kreditsicherung vereinbarten Globalzessionen wegen **Verleitung zum Vertragsbruch** in der Regel der Fall, wenn sie nach dem Willen der Vertragsparteien auch solche Forderungen umfassen sollen, die der Schuldner seinen Lieferanten aufgrund eines verlängerten Eigentumsvorbehalts künftig abtreten muss.

Um diese Folge zu vermeiden, muss zwischen Vorbehaltskäufer und Bank eine **dingliche Teilverzichtsklausel** vereinbart werden, die dem verlängerten Eigentumsvorbehalt dinglichen Vorrang einräumt. Eine schuldrechtliche Freigabeklausel reicht insoweit nicht aus.

Beispiel: V veräußert an K zehn Radios unter verlängertem Eigentumsvorbehalt. K hat allerdings schon zuvor sämtliche Kundenforderungen an Bank B zur Sicherung eines Geschäftskredits abgetreten. K veräußert eines der Radios an D. K kann seine Kaufpreisraten nicht mehr zahlen. Welche Ansprüche hat V gegen D, wenn D den Kaufpreis für das Radio noch nicht gezahlt hat?

Ein Herausgabeanspruch aus § 985 scheitert daran, dass D Eigentum an dem Radio erworben hat. Fraglich ist, ob V den Kaufpreisanspruch aus dem Kaufvertrag K-D gemäß §§ 433 Abs. 2, 398 geltend machen kann. Zwar haben sich K und V über die Vorausabtretung dieser Forderung geeinigt, doch besteht zugleich eine Vorausabtretung im Rahmen einer Globalzession mit der Bank B. Letztere Abtretung würde vorgehen, da sie zuerst erfolgt ist (Prioritätsgrundsatz). Allerdings ist die Abtretung an die Bank B gemäß § 138 Abs. 1 sittenwidrig und damit nichtig. Eine Globalzession muss Forderungen ausnehmen, die der Sicherungsgeber im Rahmen eines verlängerten Eigentumsvorbehalts an seinen Warenlieferanten abtreten muss. Der Sicherungsgeber wird sonst dazu verleitet, den Vertrag mit seinem Warenlieferanten zu brechen (sogenannte Vertragsbruchtheorie). Damit ist die Kaufpreisforderung auf V übergegangen, der Zahlung von D verlangen kann.

1. Was versteht man unter einem „verlängerten" Eigentumsvorbehalt?

1. Ein „verlängerter" Eigentumsvorbehalt kommt zur Absicherung des Verkäufers in Betracht, wenn die gelieferte Ware – ggf. nach vorheriger Be- oder Verarbeitung – zur Weiterveräußerung bestimmt ist. Er kann mehrere Abreden enthalten: Für den Fall der Verarbeitung die Klausel, dass der Lieferant Hersteller der neuen Ware i.S.v. § 950 sein soll, sowie für die Weiterveräußerung die (zumindest anteilige) Abtretung der aus der Weiterveräußerung entstehenden Forderungen. Der Käufer darf die Ware im gewöhnlichen Geschäftsgang veräußern, solange er nicht im Zahlungsverzug ist.

2. Wieso kann ein verlängerter Eigentumsvorbehalt mit einer Globalzession des Vorbehaltskäufers „kollidieren"?

2. Wenn der Vorbehaltskäufer im Rahmen der Globalzession auch die Forderungen abtritt, die aus dem Weiterverkauf von Ware stammen, die er unter verlängertem Eigentumsvorbehalt erworben hat, tritt er die gleiche Forderung „doppelt" ab: Einmal im Rahmen der Globalzession und einmal im Rahmen des verlängerten Eigentumsvorbehalts an den Vorbehaltsverkäufer.

3. Wie löst die h.M. die Kollision von verlängertem Eigentumsvorbehalt und Globalzession?

3. Eigentlich gilt der Prioritätsgrundsatz: Es gilt die zuerst vereinbarte Abtretung, meist also die Globalzession. Nach Ansicht der Rspr. verhält sich jedoch ein Sicherungsnehmer im Rahmen der Globalzession sittenwidrig, da er den Zedenten zum Vertragsbruch gegenüber den Lieferanten zwingt. Ist der verlängerte EV branchenüblich, weiß auch der Sicherungsnehmer, dass der Kunde von seinen Lieferanten bei Offenlegung der Globalzession keine Lieferung erhielte.

C. Pfandrecht

I. Vertragliches Pfandrecht, §§ 1204 ff.

Dem Gläubiger einer Forderung kann zur **Sicherung** ein **Pfandrecht** bestellt werden. Er erhält damit die Möglichkeit, im Fall der Nichtzahlung die verpfändete Sache zu verwerten und den Erlös aus der Verwertung zur Tilgung der Forderung zu verwenden.

1. Entstehen des Pfandrechts, §§ 1204–1208

> **Aufbauschema: Entstehen eines vertraglichen Pfandrechts**
>
> I.   **Einigung** zwischen Verpfänder und Gläubiger der Forderung über die Bestellung eines Pfandrechts
>
> II. **Übergabe** oder **Vereinbarung eines Übergabesurrogats**, §§ 1205, 1206
>
> III. **Bestehen der gesicherten Forderung**
>
>   Ohne eine Forderung kann ein Pfandrecht nicht entstehen. Es können auch künftige oder bedingte Forderungen gesichert werden.
>
> IV. **Berechtigung** des Verpfänders oder **gutgläubiger Erwerb vom Nichtberechtigten**, § 1207

a) Einigung

Der Verpfänder, der nicht unbedingt mit dem persönlichen Schuldner identisch sein muss, und der Gläubiger müssen sich darüber einigen, dass dem Gläubiger ein Verwertungsrecht an einer bestimmten Sache zustehen soll, wenn die gesicherte Forderung nicht beglichen wird. Die zu sichernde **Forderung** muss **bestimmbar** sein. Die Forderung braucht im Zeitpunkt der Bestellung durch Einigung und Übergabe noch nicht bestimmt zu sein. Es können auch **künftige und bedingte Forderungen** gesichert werden.

b) Übergabe oder Übergabesurrogate

Keine Pfandrechtsbestellung durch Vereinbaren eines Besitzkonstituts

Die Übergabe gemäß § 1205 Abs. 1 S. 1 entspricht der Übergabe i.S.d. § 929 S. 1.

Die Übergabesurrogate sind im Verhältnis zu den §§ 929–931 jedoch erheblich abgeändert:

- Ein Pfandrecht kann **nicht** durch Begründung eines **Besitzkonstituts** gemäß § 930 entstehen („Faustpfandrecht").

Wegen dieser gesetzlichen Regelung ist das Sicherungseigentum (siehe oben S. 54 ff.) entwickelt worden, um dem Schuldner einerseits die Möglichkeit zu geben, dem Gläubiger für dessen Forderungen Sicherheiten anzubieten, und andererseits dem Schuldner den Besitz zu erhalten.

!

■ Im Falle der **Abtretung des Herausgabeanspruchs** muss über die Regelung in § 931 hinaus zusätzlich eine Anzeige an den Besitzer erfolgen, § 1205 Abs. 2. Außerdem muss der Verpfänder tatsächlich mittelbarer Besitzer sein.

■ Nach § 1206 ist – anders als in den §§ 929 ff. – ein Übergabesurrogat in der Form der **Einräumung des qualifizierten Mitbesitzes** möglich. Qualifizierter Mitbesitz liegt vor, wenn der Verpfänder und der Pfandgläubiger nur zusammen die tatsächliche Sachherrschaft ausüben können.

Beispiel: G verlangt von S Sicherheiten, als dieser bei Fälligkeit die Darlehensforderung i.H.v. 30.000 € nicht begleicht. S, der in seinem Banksafe Schmuck im Wert von 80.000 € aufbewahrt, verpfändet diesen Schmuck, indem er einen der beiden für die Öffnung des Safes erforderlichen Schlüssel an G übergibt.

c) Bestehen der zu sichernden Forderung

Das Pfandrecht ist streng **akzessorisch**, setzt also das Bestehen der zu sichernden Forderung voraus. Entsteht die Forderung nicht oder ist sie – z.B. nach erfolgter Anfechtung – nichtig, entsteht auch kein Pfandrecht. Auch ein gutgläubiger Erwerb des Pfandrechts ist nicht möglich, wenn die zu sichernde Forderung nicht besteht.

d) Berechtigung

Zum Entstehen des Pfandrechts ist wie im Fall der Eigentumsübertragung erforderlich, dass der Verpfänder **Berechtigter**, also im Regelfall verfügungsbefugter Eigentümer ist.

Gemäß **§ 1207** ist ein **Erwerb vom Nichtberechtigten** gemäß §§ 932, 934 möglich, es sei denn, es liegt ein Abhandenkommen i.S.d. § 935 vor. Nach § 1207 wird aber nur die fehlende Berechtigung des Verpfänders überwunden und nicht etwa das Nichtbestehen der gesicherten Forderung.

2. Übertragung des Pfandrechts

Ein Pfandrecht ist für sich genommen (isoliert) gar **nicht übertragbar**, § 1250 Abs. 1 S. 2. Dies liegt an der Akzessorietät des Pfandrechts: Gesicherte Forderung und Pfandrecht sollen untrennbar sein. Der Gesetzgeber hat daher angeordnet, dass das Pfandrecht „der Forderung hinterherläuft", bei Übertragung der Forderung also kraft Gesetzes auf den neuen Forderungsinhaber übergeht, §§ 1250 Abs. 1 S. 1, 401.

Eine Forderung kann auf zwei unterschiedliche Arten übertragen werden:

- Durch **rechtsgeschäftliche Abtretung**, § 398 oder
- durch **gesetzlichen Forderungsübergang** (cessio legis).

a) Abtretung der gesicherten Forderung

Mit der Abtretung der gesicherten Forderung gemäß § 398 geht das Pfandrecht gemäß §§ 1250, 401 kraft Gesetzes auf den neuen Gläubiger der Forderung über.

Zu beachten ist, dass zur Entstehung des Pfandrechts die **Besitzübertragung** der Sache erforderlich ist, nicht aber für die Übertragung des Pfandrechts. Der neue Gläubiger kann jedoch gemäß § 1251 die Herausgabe des Pfandes verlangen.

b) Gesetzlicher Übergang der gesicherten Forderung

In den Fällen, in denen die Forderung kraft Gesetzes übergeht, geht in der Regel auch das Pfandrecht kraft Gesetzes mit über, §§ 412, 401 Abs. 1, 1250 Abs. 1.

aa) Dies kann der Fall sein, wenn der **Verpfänder den Gläubiger befriedigt**, § 1225. Vereinigen sich Pfand und Eigentum in einer Person, geht das Pfandrecht allerdings nach § 1256 in der Regel unter.

bb) Wenn ein **zur Ablösung Berechtigter** gemäß § 1249 zahlt, dann geht die Forderung auf ihn über. Mit der Forderung geht gemäß §§ 412, 401 Abs. 1, 1250 Abs. 1 auch das Pfandrecht auf ihn über. Zur Ablösung berechtigt ist, wer durch die Veräußerung ein dingliches Recht an der Sache verlieren würde, also alle anderen Pfandgläubiger oder z.B. Nießbrauchsberechtigte.

cc) Ist die Forderung durch ein **Pfandrecht und eine Bürgschaft** gesichert, erwirbt nach dem Wortlaut des Gesetzes der zuerst Zahlende die Forderung:

- Der Verpfänder, der nicht persönlicher Schuldner ist, würde sie gemäß **§ 1225** erwerben,
- und der Bürge gemäß **§ 774**.

Nach §§ 412, 401, 1250 müsste daher der zuerst Zahlende auch das von dem anderen gewährte Sicherungsrecht erwerben; der Verpfänder die Bürgschaft oder der Bürge das Pfandrecht. Es muss verhindert werden, dass es zu einem **Wettlauf zwischen den Sicherungsgebern** kommt. Wird eine Forderung durch mehrere Personen gesichert – Bürge, Verpfänder, Hypothekenbesteller oder Grundschuldbesteller –, sind diese Sicherungsgeber nach ganz h.M. **analog § 426 wie Gesamtschuldner** zu behandeln, sodass der zuerst Zahlende grundsätzlich entgegen § 401 die Sicherheit des anderen nur anteilig erlangt.

3. Verwertung des Pfandes

Wird die gesicherte Forderung bei Fälligkeit nicht beglichen, darf der Pfandgläubiger das Pfand verwerten lassen. Dies ergibt sich nicht erst aus einer gesetzlichen Vorschrift, sondern ist Inhalt der Parteivereinbarung bei der Bestellung des Pfandrechts. Es tritt mit der Fälligkeit der Forderung die Pfandreife ein.

Im Regelfall ist gemäß §§ 1235, 383 Abs. 3 nur eine zur Versteigerung zugelassene Person zur Verwertung befugt. Das ist der **Gerichtsvollzieher** oder eine andere zur öffentlichen Versteigerung befugte Person. Nach § 1245 können die Parteien vereinbaren, dass eine Privatperson die Verwertung durchführen darf.

Die Verwertung erfolgt in öffentlicher Versteigerung nach den Regeln des BGB. Die versteigernde Person – Gerichtsvollzieher, Auktionator, Privatperson – wird als Vertreter des Pfandgläubigers tätig und hat die in § 1243 bestimmten Rechtmäßigkeits- und Ordnungsvorschriften zu beachten.

Wenn der Ersteigerer die Pfandsache erhalten und den Kaufpreis gezahlt hat, muss der Versteigerungserlös verteilt werden:

- Falls der Pfandgläubiger zur Verwertung berechtigt war, der erzielte Erlös nicht höher ist als die gesicherte Forderung und ihm keine Rechte vorgehen, gebührt ihm gemäß § 1247 S. 1 der Erlös. Er kann ihn für sich behalten.

- Bestand das Pfandrecht nicht, sind Rechtmäßigkeitsvoraussetzungen verletzt worden, gehen dem Pfandgläubiger Rechte vor oder übersteigt der Erlös die gesicherte Forderung, tritt gemäß § 1247 S. 2 die dingliche Surrogation ein:

  - Übersteigt der Erlös die Forderung, erwirbt der Pfandgläubiger das Eigentum an dem Erlös nur in Höhe seiner Forderung. Der Eigentümer erwirbt gemäß § 1247 S. 2 im Wege der dinglichen Surrogation das Eigentum an dem Geld, soweit der Erlös die Forderung übersteigt. Es tritt also Miteigentumserwerb ein.

- Soweit dem Pfandgläubiger Rechte vorgehen, erwirbt der Eigentümer der Pfandsache das Eigentum an dem Erlös. An diesem Erlös setzen sich das Pfandrecht des vorgehenden Pfandgläubigers sowie das Pfandrecht des die Verwertung betreibenden Pfandgläubigers im Wege der dinglichen Surrogation fort.

- Stand dem „Pfandgläubiger" kein Pfandrecht zu oder wurden die Rechtmäßigkeitsvorschriften verletzt, hat der Ersteher aber das Eigentum an der Pfandsache gutgläubig erworben, wird der Eigentümer der Pfandsache kraft dinglicher Surrogation Eigentümer des Geldes. Dem Pfandgläubiger gebührt nichts.

4. Erlöschen des Pfandrechts

Das rechtsgeschäftliche Pfandrecht an beweglichen Sachen erlischt:

- durch **Erlöschen der gesicherten Forderung** (§ 1252; Folge der Akzessorietät);

- durch freiwillige **Rückgabe des Pfands durch den Pfandgläubiger an den Eigentümer oder Verpfänder**. Es genügt die tatsächliche Rückgabe, **§ 1253**. Die Rückgabe ist keine Willenserklärung. Allein die tatsächliche willentliche Besitzaufgabe durch den Pfandgläubiger führt zum Untergang des Pfandrechts, selbst wenn sie nur vorübergehend sein soll (z.B. Leihe);

- durch einseitigen **Verzicht** des Pfandgläubigers zugunsten des Eigentümers oder Verpfänders (§ 1255);

- durch **Vereinigung von Pfandrecht und Eigentum in einer Person** (§ 1256 Abs. 1, Ausnahme: § 1256 Abs. 1 S. 2 und Abs. 2);

- durch **rechtmäßigen Verkauf** (§ 1242 Abs. 2);

- durch **gutgläubigen lastenfreien Eigentumserwerb** durch einen Dritten (§§ 936 Abs. 1, 945, 949, 973).

II. Gesetzliches Pfandrecht

Das Gesetz lässt in einer Reihe von Fällen ein Pfandrecht entstehen, ohne dass eine auf die Entstehung des Pfandrechts gerichtete Einigung vorzuliegen braucht. Man spricht hier von „gesetzlichen Pfandrechten".

Es lassen sich zwei Arten von gesetzlichen Pfandrechten unterscheiden:

- Gesetzliche Pfandrechte, die **Besitz des Pfandgläubigers** voraussetzen und

- **besitzlose Pfandrechte**.

Gesetzliche Besitzpfandrechte sind:

1. Das Pfandrecht des Werkunternehmers wegen seiner Lohnansprüche an den ihm zur Ausbesserung oder Herstellung übergebenen Sachen des Bestellers, § 647;

2. das Pfandrecht des Kommissionärs am Kommissionsgut, § 397 HGB;

3. das Pfandrecht des Spediteurs am Speditionsgut, § 464 HGB;

4. das Pfandrecht des Lagerhalters am Lagergut, § 475 b HGB;

5. das Pfandrecht des Frachtführers am Frachtgut, § 441 HGB.

Gesetzliche besitzlose Pfandrechte sind:

1. Das Pfandrecht des Vermieters und Verpächters an den eingebrachten Sachen des Mieters und Pächters für die Ansprüche aus dem Miet- und Pachtverhältnis, § 562 Abs. 1, §§ 581, 592;

2. das Pfandrecht des Gastwirts an den eingebrachten Sachen des Gastes § 704;

3. das Pfandrecht des Berechtigten bei der Hinterlegung von Geld oder Wertpapieren als Sicherheitsleistung § 233.

---

*In Klausuren hat vor allem das **Werkunternehmerpfandrecht** (§ 647) und das **Vermieterpfandrecht** (§ 562 Abs. 1) Bedeutung.* **!**

Aufbauschema: Entstehen eines gesetzlichen Pfandrechts

I. Bestehen der zu sichernden Forderung

II. Entstehungstatbestand:

- Bei Besitzpfandrechten: Besitzerwerb des Pfandgläubigers

- Bei besitzlosen Pfandrechten: Einbringung der Sache (z.B. in die Mietwohnung)

III. Der Schuldner muss **Eigentümer** der Sache sein.

Ist der Schuldner nicht Eigentümer, kann nach h.A. auch ein Besitzpfandrecht nicht vom Nichtberechtigten erworben werden; § 1207 findet keine, auch keine entsprechende Anwendung. Lediglich gemäß § 366 Abs. 3 HGB können die gesetzlichen handelsrechtlichen Pfandrechte gutgläubig erworben werden.

Für das nach den jeweiligen gesetzlichen Regelungen **entstandene gesetzliche Pfandrecht** gelten gemäß **§ 1257** im Übrigen die Regeln über Vertragspfandrechte. Das bedeutet:

■ Für die **Übertragung** des gesetzlichen Pfandrechts gilt § 1250. Mit der Übertragung der Forderung geht das gesetzliche Pfandrecht auf den Zessionar über.

■ Das gesetzliche Besitzpfandrecht **erlischt** gemäß § 1253 bei Rückgabe der Pfandsache.

  Beispiel: Das Pfandrecht des Werkunternehmers erlischt daher, wenn er die reparierte Sache vor der Bezahlung der Reparaturkosten an den Besteller zurückgibt. § 1253 gilt nicht bei besitzlosen gesetzlichen Pfandrechten.

■ Die **Verwertung** des gesetzlichen Pfandrechts geschieht nach §§ 1228 ff., in der Regel also durch Privatverkauf im Wege der öffentlichen Versteigerung.

Unterschiede ergeben sich bei den gesetzlichen besitzlosen Pfandrechten daraus, dass der Pfandgläubiger gerade **keinen Besitz an der Pfandsache** hat. Beim Vermieterpfandrecht hat der Pfandgläubiger (= Vermieter) daher nach Eintritt der Pfandreife, also mit Fälligkeit seiner Forderung, einen **Herausgabeanspruch aus §§ 562, 1231**. Nach Pfandreife hat er daher auch ein Recht zum Besitz an den dem Pfandrecht unterliegenden Sachen, darf diese allerdings nicht selbst an sich nehmen, da er andernfalls verbotene Eigenmacht verübt (§ 858). Vor Pfandreife kann der Vermieter gemäß § 562 b Abs. 1 die Entfernung der Pfandsachen durch den Mieter im Wege der Selbsthilfe verhindern, sofern er nicht gemäß § 562 a S. 2 zur Duldung verpflichtet ist. Sind Sachen ohne Wissen des Vermieters oder gegen seinen Willen entfernt worden, kann er gemäß § 562 b Abs. 2 S. 1 Rückschaffung verlangen oder – wenn der Mieter bereits ausgezogen ist – sogar Herausgabe an sich.

1. Wie kann ein Pfandrecht an beweglichen Sachen begründet werden?

1. Ein Pfandrecht an beweglichen Sachen kann durch Vertrag (§§ 1204 ff.) oder kraft Gesetzes (z.B. § 647) begründet werden.

2. Welches sind die Entstehungsvoraussetzungen des vertraglichen Pfandrechts an beweglichen Sachen?

2. Die Entstehungsvoraussetzungen des vertraglichen Pfandrechts nach §§ 1204 ff. sind: Einigung über die Verpfändung zwecks Sicherung einer (auch künftigen oder bedingten) Forderung, Bestehen der zu sichernden Forderung, Übergabe der Pfandsache oder Übergabesurrogat nach §§ 1205, 1206, Einigsein zu diesem Zeitpunkt sowie die Berechtigung zur Verpfändung.

3. Kann ein Pfandrecht gutgläubig vom Nichtberechtigten erworben werden?

3. Ja, diese Möglichkeit ist in § 1207 vorgesehen.

4. Wie erfolgt die Verwertung des Pfandes?

4. Nach Fälligkeit der Forderung (Pfandreife) gilt: Grundsätzlich verwertungsbefugt ist gemäß §§ 1235, 383 Abs. 3 nur der Gerichtsvollzieher oder Auktionator im Auftrag des Pfandgläubigers (Ausnahme: § 1245), im Regelfall ist öffentliche Versteigerung erforderlich. Die Rechtmäßigkeitsvorschriften des § 1243 und die Ordnungsvorschriften sind zu beachten.

5. Kann ein gesetzliches Werkunternehmerpfandrecht gutgläubig erworben werden?

5. Nach h.M., insbesondere der Rspr. des BGH nein, weil § 1257 ein bereits „entstandenes" Pfandrecht voraussetzt.

2. Teil: Allgemeine Vorschriften

Im 2. Teil geht es jetzt um „Allgemeine Vorschriften", also Regeln, die sowohl für bewegliche Sachen als auch für Grundstücke gelten.

■ Im 1. Abschnitt geht es um den **Besitz**, insbesondere um den **Besitzerwerb** und den besonderen **Schutz des Besitzes**.

■ Im 2. Abschnitt gehen wir näher auf den vielleicht (klausur-) wichtigsten Anspruch des BGB ein: Den **Herausgabeanspruch aus § 985**.

■ Im 3. Abschnitt geht es um das Schuldverhältnis zwischen dem Eigentümer und einem unrechtmäßigen Besitzer, um das **Eigentümer-Besitzer-Verhältnis (EBV)**.

■ Im 4. Abschnitt stellen wir die **Unterlassungs- und Beseitigungsansprüche aus § 1004** vor.

1. Abschnitt: Besitz

Besitzer ist, wer nach der Verkehrsanschauung die **tatsächliche Gewalt** über eine Sache ausübt oder für sich ausüben lässt.

A. Besitzerwerb

I. Unmittelbarer Besitz

Der unmittelbare Besitz kann erworben werden, indem der bisherige Besitzer die Sache willentlich auf den Erwerber oder dessen Besitzdiener im Einverständnis überträgt (abgeleiteter oder derivativer Erwerb), oder indem der Erwerber einseitig die tatsächliche Gewalt über die Sache erlangt (originärer Erwerb).

1. Erwerb der tatsächlichen Sachherrschaft, § 854 Abs. 1

Für den Erwerb des unmittelbaren Besitzes gemäß § 854 Abs. 1 muss der Erwerber die tatsächliche Gewalt (tatsächliche Sachherrschaft) über die Sache erlangen. Dies setzt Folgendes voraus:

Aufbauschema: Besitzerwerb gemäß § 854 Abs. 1
I. **Räumliche Beziehung** des Erwerbers zur Sache, die es ihm unter Berücksichtigung der **Verkehrsanschauung** ermöglicht, auf die Sache einzuwirken
II. Gewisse **Dauerhaftigkeit** der räumlichen Beziehung
III. (Natürlicher) **Besitzwille** des Erwerbers

a) Räumliche Beziehung des Erwerbers zur Sache

Zwischen dem Erwerber und der Sache muss eine räumliche Beziehung hergestellt werden, die es dem Erwerber unter Berücksichtigung der Verkehrsanschauung ermöglicht, tatsächlich auf die Sache einzuwirken. Die für die Gewaltausübung erforderliche räumliche Beziehung zur Sache besteht, wenn die Sache dem Erwerber persönlich ausgehändigt wird oder in den Herrschaftsbereich des Erwerbers gelangt, der von Dritten gewöhnlich beachtet wird.

Tatsächliche Einwirkungsmöglichkeit

Beispiele: Die Sache wird in das Haus, die Wohnung, die Geschäftsräume, das Fabrikgebäude gebracht oder auf das Betriebsgelände geschafft. Sachherrschaft besteht auch, wenn Ware vor der Ladentür abgelegt wird.

Nicht erforderlich ist, dass andere von jeglicher Einwirkungsmöglichkeit auf die Sache ausgeschlossen sind. Besitz erfordert auch keine jederzeitige Zugriffsmöglichkeit auf die Sache.

Keine „alleinige" oder „jederzeitige" Einwirkungsmöglichkeit erforderlich

Beispiel: Der Bauer bleibt auch Besitzer seines Pfluges, wenn er diesen über Nacht auf seinem Acker stehen lässt.

b) Gewisse Dauerhaftigkeit der räumlichen Beziehung

Die räumliche Beziehung der Person zur Sache muss nach h.M. von gewisser Dauer sein, sodass eine nur vorübergehende Sachberührung bzw. Entgegennahme der Sache nicht ausreicht.

Beispiele: Wer im Kaufhaus Waren aus dem Regal zur Prüfung entnimmt, wird nicht Besitzer. Der Kaufinteressent, der auf dem Fahrrad im Hof des Verkäufers zur Probe fährt, erlangt keinen Besitz. Besitzer wird aber der Patient an einer probeweise eingesetzten Zahnkrone und der Hauseigentümer an einer probeweise eingebauten Heizung.

c) Besitzwille

Eine Person erwirbt nach h.M. über den Gesetzeswortlaut hinaus an den in ihren Herrschaftsbereich gelangten Sachen nur dann den Besitz, wenn sie den Willen zur tatsächlichen Beherrschung der Sachen hat (Besitzwille). Dieser Besitzwille muss aber nicht auf eine konkrete Sache gerichtet sein. Es genügt vielmehr der allgemeine Beherrschungswille.

Beispiel: Der allgemeine Beherrschungswille eines Gastwirts, eines Kaufhausinhabers, eines Festveranstalters erstreckt sich auch auf die Sachen der Gäste, der Kunden, der Festteilnehmer, die von diesen vergessen worden sind.

Gegenbeispiel: Der allgemeine Beherrschungswille fehlt bei solchen Sachen, die einer Person heimlich zugesteckt worden sind, z.B. einem Fluggast werden zollpflichtige oder verbotene Waren wegen drohender Zollkontrolle untergeschoben.

Besitzwille erfordert keine Geschäftsfähigkeit

Der Besitzwille ist kein rechtsgeschäftlicher Wille, sondern ein rein natürlicher Wille. Das heißt, dass auch ein nicht voll Geschäftsfähiger, der aber über die gebotene Einsichtsfähigkeit verfügt, wirksam den Besitz erwerben und übertragen kann.

2. Besitzerwerb durch Besitzdiener, § 855 Abs. 1

Besitzdiener = „verlängerter Arm" des Besitzers

Der Erwerber erlangt gemäß § 855 den **unmittelbaren Besitz**, wenn ein Besitzdiener die tatsächliche Sachherrschaft erlangt. Besitzdiener ist, **wer im Rahmen eines sozialen Abhängigkeitsverhältnisses die tatsächliche Gewalt über die Sache ausübt.** Die bloße wirtschaftliche Abhängigkeit reicht nicht.

Beispiel: Typische Besitzdiener sind alle Mitarbeiter, Angestellte, Arbeiter eines Betriebs, der Prokurist, der Ein- und Verkäufer, der Ladenangestellte usw. Die im Haushalt angestellten Personen sind Besitzdiener des Hausherrn, aber auch dessen minderjährige Kinder. Keine Besitzdiener sind Vorstandsmitglieder juristischer Personen, Ehegatten oder Lebensgefährten im Verhältnis untereinander und andere erwachsene Familienmitglieder.

a) Für das Vorliegen eines **sozialen Abhängigkeitsverhältnisses** ist die **Weisungsgebundenheit** maßgebend. Die Rechtsbeziehung, die zur Erteilung der Weisungen berechtigt, braucht nicht wirksam zu sein. Es ist aber eine tatsächliche Unterordnung erforderlich.

Weisungswidriges Verhalten des Besitzdieners = verbotene Eigenmacht = Abhandenkommen des Besitzes

b) Der Besitz des Geschäftsherrn endet aber, wenn der Besitzdiener sich der Weisungsgebundenheit des Geschäftsherrn entzieht und seinen entgegenstehenden Willen erkennbar nach außen betätigt hat, insbesondere die Sache weggibt. Der Besitzdiener begeht dann verbotene Eigenmacht (§ 858) und wird zum unrechtmäßigen Besitzer.

Beispiel 1: Eine Haushälterin, die ihren Arbeitgeber in dessen Wagen zum Krankenhaus bringt und mit diesem Wagen auch zu den Besuchen ins Krankenhaus fährt, tritt damit noch nicht aus ihrer vorgegebenen Rolle als Besitzdienerin heraus und nimmt das Auto dadurch noch nicht in eigenen Besitz.

Beispiel 2: Anders jedoch, wenn die Haushälterin vier Tage nach dem Tod des Arbeitgebers unter Vorlage der Fahrzeugpapiere bei der Zulassungsstelle das Auto auf sich ummeldet. Dadurch wird den Erben der Besitz entzogen.

Besitzdiener hat keine besitzrechtliche Position

c) Rechtsfolge der Besitzdienerschaft ist, dass **unmittelbarer Besitzer „nur der andere"**, also der Geschäftsherr ist. Der Besitzdiener übt die tatsächliche Sachherrschaft für den Geschäftsherrn als sein „verlängerter Arm" aus, hat selbst aber keinen Besitz. Dies hat vor allem folgende Konsequenzen:

- Dem Besitzdiener steht **kein Besitzschutz** gegenüber dem Besitzherrn zu. Er darf aber dessen Besitz gegen Dritte verteidigen, § 860.

- Verliert der Besitzdiener die Sache, so kommt sie dem Besitzherrn abhanden i.S.v. **§ 935**. Aber auch, wenn der Besitzdiener die Sache willentlich weggibt, stellt dies für den Besitzherrn ein Abhandenkommen dar, da es nur auf den Willen des Besitzherrn ankommt. In diesen Fällen ist ein gutgläubiger Eigentumserwerb eines Dritten gemäß § 935 nicht möglich.

- Die Eigentumsvermutung des **§ 1006** spricht nicht für den Besitzdiener, sondern für den Besitzherrn als Eigentümer.

3. Erwerb des unmittelbaren Besitzes durch rechtsgeschäftliche Einigung, § 854 Abs. 2

Die Sache, die sich im Besitz einer Person befindet, die aber allgemein zugänglich ist und bei der somit eine Zugriffsmöglichkeit anderer Personen besteht, kann durch bloße rechtsgeschäftliche Einigung übertragen werden.

II. Mittelbarer Besitz

Der Erwerb des mittelbaren Besitzes setzt voraus, dass zwischen dem Besitzmittler – dem unmittelbaren Besitzer – und dem Erwerber ein Besitzmittlungsverhältnis i.S.d. § 868 begründet wird. Der mittelbare Besitzer lässt also die Sachherrschaft durch einen anderen aufgrund eines Rechtsverhältnisses für sich ausüben.

Der Besitzer lässt die Sachherrschaft durch einen anderen für sich ausüben

Beim mittelbaren Besitz sind also stets (mindestens) zwei Besitzer vorhanden:

- Der **unmittelbare Besitzer**, der die tatsächliche Sachherrschaft nicht für sich, sondern für einen anderen ausübt, sodass er Besitzmittler ist,

- und der **mittelbare Besitzer**, für den aufgrund eines Rechtsverhältnisses die Sachherrschaft ausgeübt wird.

Aufbauschema: Erwerb des mittelbaren Besitzes, § 868
I. Unmittelbarer Besitz des Besitzmittlers
II. Besitzmittlungsverhältnis i.S.d. § 868
III. Herausgabeanspruch gegen den Besitzmittler
IV. Erkennbarer Fremdbesitzerwille des Besitzmittlers

1. Unmittelbarer Besitz des Besitzmittlers

Der Besitzmittler muss unmittelbarer Besitzer sein. Gemäß § 871 ist jedoch auch ein gestufter mittelbarer Besitz möglich, sodass jedenfalls der letzte Besitzmittler unmittelbaren Besitz haben muss.

Beispiel: V vermietet seine Wohnung an M, der sie vorübergehend an U untervermietet. U ist unmittelbarer Besitzer und mittelt M den Besitz, der wiederum V den Besitz mittelt.

2. Besitzmittlungsverhältnis i.S.d. § 868

Es muss zwischen dem unmittelbaren Besitzer und dem mittelbaren Besitzer ein Rechtsverhältnis i.S.d. § 868 bestehen, nach dem der unmittelbare Besitzer zum Besitz berechtigt oder verpflichtet ist. Neben rechtsgeschäftlich vereinbarten Besitzmittlungsverhältnissen kommen auch gesetzliche Besitzmittlungsverhältnisse in Betracht wie z.B. die eheliche Lebensgemeinschaft oder die elterliche Vermögenssorge.

3. Herausgabeanspruch gegen den Besitzmittler

Dem mittelbaren Besitzer muss gegen den unmittelbaren Besitzer ein Herausgabeanspruch zustehen. Er ergibt sich in der Regel aus dem Besitzmittlungsverhältnis. Bei dessen Unwirksamkeit genügt aber auch ein sonstiger Herausgabeanspruch (z.B. aus § 985, § 812 oder aus GoA).

Auch ein künftiger oder bedingter Herausgabeanspruch ist ausreichend. So ist z.B. der Herausgabeanspruch des Vermieters aus § 546 ein künftiger Anspruch, da er erst nach Beendigung des Mietverhältnisses durch Kündigung entsteht.

4. Erkennbarer Fremdbesitzerwille des Besitzmittlers

Der unmittelbare Besitzer muss seinen Fremdbesitzerwillen erkennbar zum Ausdruck bringen. Es muss der Wille geäußert werden, zeitlich begrenzt und in Anerkennung des Herausgabeanspruchs zu besitzen. Der innere Wille ist unbeachtlich.

! *Besitzmittler und Besitzdiener unterscheiden sich dadurch, dass der Besitzdiener in einem sozialen Abhängigkeitsverhältnis zum Geschäftsherrn steht und dessen Weisungen unterworfen ist, während der Besitzmittler im Rahmen des Rechtsverhältnisses nur einer beschränkten Kontrolle und Weisungsgebundenheit des mittelbaren Be-*

sitzers unterliegt. Der Besitzdiener hat selbst keinen Besitz; Besitzer ist allein der Geschäftsherr. Der Besitzmittler ist hingegen selbst unmittelbarer Besitzer und mittelt seinem „Oberbesitzer" den mittelbaren Besitz.

III. Erbenbesitz, § 857

Durch die Vorschrift des § 857 geht auch der Besitz als tatsächliches Verhältnis auf die Erben über. Allerdings erlangt der Erbe nicht die tatsächliche Sachherrschaft, sondern er rückt nur in die besitzrechtliche Stellung des Erblassers ein. Es handelt sich um einen **Besitz ohne Sachherrschaft**.

Besitz ist „vererblich", § 857

Der Erbe erlangt ohne besondere Erwerbshandlung den Besitz in der Form, wie ihn der Erblasser innehatte. Je nachdem, welche Besitzart beim Erblasser vorlag, tritt beim Erben Allein- oder Mitbesitz, Eigen- oder Fremdbesitz, unmittelbarer oder mittelbarer Besitz oder eine andere Besitzart ein.

B. Besitzschutz

Im Interesse der Erhaltung des Rechtsfriedens ist der Besitzer unabhängig davon, ob er den Besitz rechtmäßig oder unrechtmäßig innehat, geschützt. Dem Besitzer stehen **Selbsthilferechte** und **Ansprüche** zu.

I. Selbsthilferechte des Besitzers, § 859 Abs. 1–4

1. Besitzwehr, § 859 Abs. 1

Der Besitzer darf sich verbotener Eigenmacht mit Gewalt erwehren.

Aufbauschema: Besitzwehr gemäß § 859 Abs. 1
I. **Drohende Besitzentziehung** oder **drohende/andauernde Besitzstörung** durch **verbotene Eigenmacht**
II. **Abwehrbefugnis**
III. **Abwehrgegner: Fehlerhafter Besitzer, § 858 Abs. 2**
IV. **Zulässiges Gewaltmittel**, durch das das erforderliche Maß nicht überschritten wird

a) Drohende Besitzentziehung oder drohende/ andauernde Besitzstörung durch verbotene Eigenmacht

Besitzentziehung ist die vollständige und dauerhafte Beseitigung des unmittelbaren Besitzes. Sie kann durch physische (z.B. Wegnahme, Zugangsverhinderung) oder psychische (z.B. Besitzaufgabe durch Drohung) Einwirkung erfolgen. Demgegenüber ist eine **Besitzstörung** die Beeinträchtigung des unmittelbaren Besitzes durch ausschnittsweisen Entzug der durch den Besitz eröffneten Gebrauchs- oder Nutzungsmöglichkeit einer Sache.

Beispiele für Besitzstörungen: Über fremdes Grundstück schwenkender Baukran, Lärm, Zuparken des Garagentors.

Verbotene Eigenmacht:
- Besitzentziehung oder Besitzstörung
- Widerrechtlichkeit

Verbotene Eigenmacht i.S.d. § 858 Abs. 1 begeht, wer dem **unmittelbaren Besitzer ohne dessen Willen** den Besitz entzieht oder ihn im Besitz stört, ohne dass das Gesetz die Entziehung oder die Störung gestattet. Entscheidend ist allein die objektive Widerrechtlichkeit der Besitzbeeinträchtigung, sodass fehlendes Verschulden sowie guter Glaube an die Zustimmung des Besitzers unerheblich sind. Die Besitzbeeinträchtigung muss ohne, nicht gegen den Willen des unmittelbaren Besitzers erfolgen, sodass auch die unbemerkte Beeinträchtigung verbotene Eigenmacht darstellen kann.

b) Abwehrbefugnis

Die Abwehrbefugnis steht zunächst dem **unmittelbaren Besitzer** selbst zu. Nach **§ 860** darf auch der **Besitzdiener** für den unmittelbaren Besitzer die Gewaltrechte des § 859 ausüben. Ihm steht kein selbstständiges Recht zu, sondern es ist ihm lediglich die Befugnis zur Ausübung des dem Besitzherrn zustehenden Selbsthilferechts eingeräumt.

Dem **mittelbaren Besitzer** stehen dagegen nach dem Wortlaut der gesetzlichen Regelung nicht die Gewaltrechte des § 859 zu. Nach § 869 kann der mittelbare Besitzer nur die Rechte aus § 861 und § 862 geltend machen. Nach wohl h.M. darf der mittelbare Besitzer die Gewaltrechte des § 859 aber auch geltend machen, da durch die Störung oder Entziehung des unmittelbaren Besitzes zwangsläufig auch der mittelbare Besitz betroffen wird.

c) Abwehrgegner: Fehlerhafter Besitzer, § 858 Abs. 2

> **Übersicht: Fehlerhafter Besitz, § 858 Abs. 2**
>
> - Derjenige, der selbst verbotene Eigenmacht verübt
> - Besitznachfolger bei Erbschaft
> - Besitznachfolger bei positiver Kenntnis der Fehlerhaftigkeit des Besitzes

Gemäß § 859 Abs. 1 darf Gewalt gegenüber demjenigen geübt werden, der selbst die verbotene Eigenmacht begeht. Gemäß § 859 Abs. 4 bestehen die Selbsthilferechte aber auch gegenüber demjenigen, der die Fehlerhaftigkeit des Besitzes gegen sich gelten lassen muss, § 858 Abs. 2 S. 2. Dies ist der Besitznachfolger, der die Fehlerhaftigkeit des Besitzes positiv kannte oder der Erbe des fehlerhaften Besitzers, da dieser in die konkrete Besitzposition des Erblassers einrückt (§ 857).

Bei einer Besitzwehr dürfte der richtige Abwehrgegner aber meist unproblematisch sein, da sie sich in der Regel gegen denjenigen richtet, der selbst die verbotene Eigenmacht begeht. Lediglich bei einer andauernden Besitzstörung ist denkbar, dass Selbsthilferechte auch gegen den Besitznachfolger des Störers bestehen. **!**

d) Zulässiges Gewaltmittel

Anders als für das Selbsthilferecht nach §§ 229, 230 ist für die Besitzwehr nicht erforderlich, dass es unmöglich ist, rechtzeitig polizeilichen oder gerichtlichen Schutz zu erlangen.

Die Gewaltanwendung zur Abwehr der verbotenen Eigenmacht darf aber das erforderliche Maß nicht überschreiten.

2. Besitzkehr, § 859 Abs. 2 und Abs. 3

Der Besitzer ist nicht nur berechtigt, die bevorstehende verbotene Eigenmacht abzuwehren, sondern er darf sich, wenn ihm der Besitz durch verbotene Eigenmacht bereits entzogen wurde, den Besitz wieder verschaffen (sogenannte Besitzkehr).

> ### Aufbauschema: Besitzkehr gemäß § 859 Abs. 2 und Abs. 3
>
> **I. Besitzentziehung** durch **verbotene Eigenmacht**
>
> **II. Abwehrbefugnis**
>
> **III. Abwehrgegner: Fehlerhafter Besitzer, § 858 Abs. 2**
>
> **IV.** Einhaltung der **zeitlichen Grenzen**
>
>   **1.** Bei **beweglichen Sachen**: Täter auf frischer Tat betroffen oder Täter unmittelbar verfolgt (Nacheile)
>
>   **2.** Bei **Grundstücken**: „Sofortige" Entsetzung des Täters

! *Achtung: Bei Besitzkehr und Besitzwehr handelt es sich um **Selbsthilferechte** und nicht um **Ansprüche**! Für eine Klausur bedeutet das: Aus § 859 kann man nicht „Herausgabe" der Sache oder „Unterlassen der Störung" verlangen, sondern die entsprechenden Handlungen selbst vornehmen. Ist nicht ausdrücklich danach gefragt, ob z.B. die Wegnahme rechtmäßig war, sind Besitzkehr und Besitzwehr daher regelmäßig inzidenter (z.B. als Rechtfertigungsgründe i.S.d. § 823 oder als Ausschlussgründe eines Anspruchs aus §§ 861, 862) zu prüfen.*

II. Ansprüche des Besitzers

Neben den Selbsthilferechten aus § 859 stehen dem Besitzer bei einer Besitzstörung aber auch Ansprüche gegen den Störer zu.

Wird ihm der Besitz an einer Sache durch verbotene Eigenmacht entzogen, kann der ehemalige Besitzer **Herausgabe** vom fehlerhaften Besitzer verlangen. Wird er im Besitz gestört, kann er einen **Unterlassungs- bzw. Beseitigungsanspruch** geltend machen.

> ### Aufbauschema: Herausgabeanspruch gemäß § 861
>
> **I. Anspruchsteller = Ehemaliger Besitzer**
> (auch mittelbarer Besitzer, § 869 S. 1)
>
> **II. Anspruchsgegner = Fehlerhafter Besitzer**
>
> **III. Kein Ausschluss des Anspruchs**
>
>   **1.** Besitzentzug war erlaubte Besitzkehr, § 859 Abs. 2 u. 3
>
>   **2.** Entzogener Besitz war fehlerhaft, § 861 Abs. 2
>
>   **3.** Erlöschen ein Jahr nach Verüben der verbotenen Eigenmacht, § 864
>
> *Alle anderen Einwendungen sind ausgeschlossen, § 863.*

**Aufbauschema: Unterlassungs-/Beseitigungsanspruch
gemäß § 862**

I. **Anspruchsteller = Besitzer**
(auch mittelbarer Besitzer, § 869 S. 1)

II. **Anspruchsgegner = Störer**

III. **Kein Ausschluss des Anspruchs**

   1. Besitzstörung ist erlaubte Besitzwehr, § 859 Abs. 1

   2. Besitzer besitzt dem Störer gegenüber selbst fehlerhaft,
   § 862 Abs. 2

   3. Erlöschen ein Jahr nach Verüben der verbotenen Eigenmacht, § 864

Alle anderen Einwendungen sind ausgeschlossen, § 863.

Ergänzt werden die Ansprüche des Besitzers durch § 1007. § 1007 hat nur eine sehr geringe Bedeutung, da in den in § 1007 geregelten Fällen meist entweder ein Anspruch aus § 985 und/oder § 861 besteht. Eigenständige Bedeutung erlangt § 1007 nur in seltenen Ausnahmefällen. Gleichwohl sollten Ihnen die Grundzüge der Vorschrift bekannt sein. § 1007 enthält zwei eigenständige Anspruchsgrundlagen: § 1007 Abs. 1 und § 1007 Abs. 2. Beide Ansprüche sind unter den Voraussetzungen des § 1007 Abs. 3 ausgeschlossen. Daraus ergeben sich folgende Aufbauschemata:

**Aufbauschema: Herausgabe des *bösgläubigen* Besitzers,
§ 1007 Abs. 1 und Abs. 3**

I. **Anspruchsteller = Ehemaliger Besitzer**
(auch mittelbarer Besitzer)

II. **Anspruchsgegner = Gegenwärtiger Besitzer**

III. **Besitzer im Zeitpunkt des Besitzerwerbs bösgläubig in
Bezug auf fehlendes Besitzrecht**

IV. Kein Ausschluss, § 1007 Abs. 3

   1. Anspruchsteller war bei Besitzerwerb **selbst bösgläubig**

   2. Anspruchsteller hatte Besitz **freiwillig aufgegeben**

   3. Gegenwärtiger Besitzer hat **Recht zum Besitz**,
   §§ 1007 Abs. 3 S. 2, 986

Beispiel für § 1007 Abs. 1: Eigentümer E vermietet einen Gebrauchtwagen an V. V vermietet ihn an M weiter. M veräußert den Wagen an C, der von den Mietverhältnissen Kenntnis hatte. Herausgabeanspruch des V?

Ein Anspruch des V gegen C aus § 985 scheidet aus, da V nicht Eigentümer ist. Ein Anspruch aus § 861 steht nur dem unmittelbaren Besitzer zu. Auch ein Anspruch aus §§ 869, 861 des V gegen C scheidet aus, da C gegenüber M keine verbotene Eigenmacht begangen hat. V kann aber nach § 1007 Abs. 1 Herausgabe an M verlangen: V war früherer Besitzer, und zwar mittelbarer Besitzer; M war sein Besitzmittler. C ist unmittelbarer Eigenbesitzer. Außerdem war C bösgläubig, da er von den Mietverhältnissen Kenntnis hatte. V kann nach h.M. allerdings nicht Herausgabe an sich, sondern nur an den früheren unmittelbaren Besitzer (M) verlangen. Begründet wird diese Lösung mit einer analogen Anwendung des § 869 S. 2. Nur wenn der frühere unmittelbare Besitzer den Besitz nicht übernehmen kann oder will, kann der frühere mittelbare Besitzer Herausgabe an sich verlangen.

Aufbauschema: Herausgabe bei *Abhandenkommen*, § 1007 Abs. 2 und Abs. 3

I. Anspruchsteller = Ehemaliger Besitzer
(auch mittelbarer Besitzer)

II. Anspruchsgegner = Gegenwärtiger Besitzer

III. Anspruchsteller ist die Sache **abhandengekommen**

IV. Anspruchsgegner ist nicht Eigentümer und ihm ist Sache nicht selbst abhandengekommen und es handelt sich nicht um Geld oder Inhaberpapiere

V. Kein Ausschluss, § 1007 Abs. 3

    1. Anspruchsteller war bei Besitzerwerb **selbst bösgläubig**

    2. Anspruchsteller hatte Besitz **freiwillig aufgegeben**

    3. Gegenwärtiger Besitzer hat **Recht zum Besitz**, §§ 1007 Abs. 3 S. 2, 986

Beispiel für § 1007 Abs. 2: Eigentümer E leiht B ein Buch. B leiht es C. Bei C wird das Buch von D gestohlen, der es an den gutgläubigen G veräußert. Herausgabeanspruch des B?

Ein Anspruch des B gegen G aus § 985 scheidet aus, da G nicht Eigentümer ist. Ein Anspruch aus § 861 steht nur dem unmittelbaren Besitzer zu. Auch ein Anspruch aus §§ 869, 861 des B gegen G scheidet aus, da G nicht fehlerhaft besitzt; G wusste nichts von der verbotenen Eigenmacht des D (vgl. § 858 Abs. 2 S. 2). B hat aber gegen G einen Anspruch aus § 1007 Abs. 2: B hat zwar seinen unmittelbaren Besitz freiwillig auf C übertragen. Dies steht jedoch der Annahme des Abhandenkommens bei B nicht entgegen, da eine Sache dem mittelbaren Besitzer auch dann abhandenkommt, wenn sie – wie hier – dem unmittelbaren Besitzer abhandengekommen ist. Der Anspruch ist auch nicht ausgeschlossen, da G nicht Eigentümer geworden ist (vgl. § 935 Abs. 1) und ihm die Sache selbst nicht abhandengekommen ist.

1. Was versteht man unter dem unmittelbaren Besitz? Wie wird dieser erworben?

1. Unmittelbarer Besitzer ist nach § 854 Abs. 1, wer nach der Verkehrsanschauung die tatsächliche Gewalt über eine Sache ausübt. Voraussetzung für den Erwerb des unmittelbaren Besitzes ist zunächst, dass zwischen dem Erwerber und der Sache eine räumliche Beziehung hergestellt wird, die dem Erwerber die tatsächliche Einwirkungsmöglichkeit gestattet. Die Beziehung muss von einer gewissen Dauer sein. Nach h.M. ist weiterhin ein (natürlicher) Besitzerwerbswille erforderlich. Die Besitzerlangung kann auch unter Einschaltung eines Besitzdieners (vgl. Frage 2) oder im Falle des § 854 Abs. 2 durch bloße Einigung erfolgen.

2. Was ist ein Besitzdiener?

2. Gemäß § 855 ist Besitzdiener, wer die tatsächliche Gewalt über die Sache für einen anderen, weisungsgebunden und sozial abhängig, ausübt. Zwischen dem Besitzdiener und der Sache muss die nach § 854 Abs. 1 erforderliche räumliche Beziehung von gewisser Dauer vorliegen und der Besitzdiener muss den allgemeinen Beherrschungswillen haben. Besitzer ist dann aber nur „der andere", also der Geschäftsherr.

3. Welche Besonderheiten gelten bei Erben?

3. Gemäß § 857 geht der Besitz, so wie er sich beim Erblasser befunden hat, im Zeitpunkt des Erbfalls (fiktiv) auf den Erben über.

4. Was bedeutet mittelbarer Besitz und wie wird er erworben?

4. Der mittelbare Besitzer lässt die Sachherrschaft durch einen anderen aufgrund eines Rechtsverhältnisses für sich ausüben. Der Erwerb des mittelbaren Besitzes setzt voraus, dass der Besitzmittler unmittelbarer Besitzer ist, zwischen ihm und dem mittelbaren Besitzer ein Besitzmittlungsverhältnis i.S.d. § 868 besteht, der mittelbare Besitzer einen Herausgabeanspruch hat und der Besitzmittler mit erkennbarem Fremdbesitzerwillen besitzt.

5. Welche Selbsthilferecht stehen einem Besitzer zu?

5. Der Besitzer ist nach § 859 Abs. 1 zur Besitzwehr und nach § 859 Abs. 2 (bei beweglichen Sachen) bzw. § 859 Abs. 3 (bei Grundstücken) zur Besitzkehr berechtigt.

6. Welche Ansprüche stehen einem Besitzer aus dem Besitz zu?

6. Wird dem Besitzer der Besitz an einer Sache durch verbotene Eigenmacht entzogen, kann der ehemalige Besitzer Herausgabe vom fehlerhaften Besitzer verlangen (§ 861); wird er im Besitz gestört, kann er einen Unterlassungs- bzw. Beseitigungsanspruch geltend machen (§ 862). Daneben bestehen die possessorischen Herausgabeansprüche aus § 1007.

2. Abschnitt: Eigentumsherausgabeanspruch, § 985

Aufbauschema: Herausgabeanspruch aus § 985

I.   Anspruchsteller ist **Eigentümer** einer Sache

II. Anspruchsgegner ist (mittelbarer oder unmittelbarer) **Besitzer**

III. Besitzer hat kein **Recht zum Besitz**, § 986

- Eigenes Besitzrecht, § 986 Abs. 1 S. 1 Alt. 1
- Abgeleitetes Besitzrecht, § 986 Abs. 1 S. 1 Alt. 2

A. Anspruchsteller ist Eigentümer einer Sache

Typischer Prüfungsaufbau: Anspruchsteller muss das Eigentum erworben haben und darf es nicht wieder verloren haben.

Anspruchsberechtigt ist derjenige, der im Zeitpunkt des Herausgabeverlangens Eigentümer der Sache (bewegliche Sache oder Grundstück) ist.

Unerheblich ist, worauf der Eigentumserwerb beruht. Der Eigentumserwerb kann eingetreten sein, weil

- der Anspruchsberechtigte das Eigentum durch Rechtsgeschäft bei beweglichen Sachen gemäß §§ 929 ff. bzw. bei einem Grundstück gemäß §§ 873, 925 oder
- kraft Gesetzes gemäß §§ 937 ff. oder
- kraft Hoheitsakt erworben hat.

Ferner darf der Anspruchsteller sein Eigentum nicht (wieder) verloren haben durch rechtsgeschäftlichen oder gesetzlichen Eigentumserwerb eines Dritten.

! *Denken Sie immer daran, dass der Eigentümer nicht nur durch eine eigene Verfügung sein Eigentum verlieren kann, sondern auch, wenn ein anderer verfügt und ein Dritter gutgläubig Eigentum erwirbt.*

Wird sein Eigentum bestritten, muss der Eigentümer im Prozess beweisen, dass ihm das Eigentum an der herausverlangten Sache zusteht. Dabei helfen ihm gesetzliche **Vermutungsregeln**:

Bei **beweglichen Sachen** greift die **Eigentumsvermutung des § 1006** ein. In § 1006 wird für bewegliche Sachen die widerlegbare Vermutung für das Eigentum des Besitzers aufgestellt.

Im **Grundstücksrecht** gilt die gesetzliche Vermutung des **§ 891**. Ist jemand als Eigentümer im Grundbuch eingetragen, so wird vermutet, dass ihm dieses Eigentumsrecht zusteht.

B. Anspruchsgegner ist Besitzer

Der Anspruch aus § 985 richtet sich gegen den – mittelbaren oder unmittelbaren – Besitzer.

I. Ist der in Anspruch Genommene **unmittelbarer Besitzer**, muss er die Sache an den Eigentümer übergeben mit der Folge, dass der Eigentümer den unmittelbaren Besitz erhält. Es muss also ein Wechsel in der Person des unmittelbaren Besitzers herbeigeführt werden.

II. Ist der in Anspruch Genommene (nur) **mittelbarer Besitzer**, kann der Eigentümer auch nur die Herausgabe des mittelbaren Besitzes verlangen: Der mittelbare Besitzer muss dazu seinen Herausgabeanspruch gegen den unmittelbaren Besitzer an den Eigentümer abtreten, § 870.

C. Besitzer hat kein Recht zum Besitz, § 986

Auch wenn die Voraussetzungen des § 985 vorliegen, ist der Herausgabeanspruch ausgeschlossen, wenn der Besitzer dem Eigentümer gegenüber ein **Recht zum Besitz** hat.

Obwohl der Wortlaut „kann verweigern" auf eine Einrede hindeutet, ist ein Recht zum Besitz nach h.M. eine Einwendung, die in einem Herausgabeprozess von Amts wegen zu berücksichtigen ist. Dies hat insbesondere Bedeutung für das Versäumnisverfahren (siehe dazu AS-Skript ZPO). **!**

I. Eigenes Besitzrecht, § 986 Abs. 1 S. 1 Alt. 1

1. Dingliches Recht zum Besitz

Der Inhaber eines eigenen **dinglichen Rechts** ist zum Besitz berechtigt, unabhängig davon, ob er die Sache vom Eigentümer erhalten hat oder nicht.

Beispiel: Der Eigentümer E hat V eine Maschine geliehen. Als V Geld benötigt und dem G, der dem V nur gegen Sicherheit ein Darlehen geben will, keine anderen Sicherheiten bieten kann, verpfändet V dem G die dem E gehörende Maschine. Dabei geht G gutgläubig davon aus, dass V Eigentümer der Maschine ist. Als E hiervon erfährt, verlangt er von G die Maschine heraus.

E ist Eigentümer, G ist unmittelbarer Besitzer der Maschine. Die Voraussetzungen des § 985 liegen vor. G hat aber gemäß §§ 1204, 1205, 1207, 932 gutgläubig ein Pfandrecht an der Maschine erworben. Aufgrund dieses dinglichen Rechts ist G dem E gegenüber gemäß § 986 Abs. 1 S. 1 Alt. 1 zum Besitz berechtigt. Er braucht die Maschine dem E nicht herauszugeben.

Ob das **Anwartschaftsrecht** ein dingliches Recht zum Besitz gibt, ist umstritten:

■ Die Rspr. und ein Teil der Lit. lehnen ein Besitzrecht allein aufgrund des Anwartschaftsrechts ab, weil das Anwartschaftsrecht kein dingliches Recht sei. Es sei im Gegensatz zu einem dinglichen Recht von dem schuldrechtlichen Grundgeschäft – dem Vorbehaltskauf – abhängig, da es nur so lange bestehe, wie der Bedingungseintritt möglich sei.

■ Die Gegenansicht bejaht ein gegenüber jedermann wirkendes Besitzrecht des Anwartschaftsberechtigten. Dem Anwartschaftsberechtigten sei das im Eigentum enthaltene Recht zum Besitz und zur Nutzung schon übertragen worden. Auch sei der Erwerb des Anwartschaftsrechts für den Berechtigten nur sinnvoll, wenn er zugleich eine dingliche Sicherung erlange.

! *Das Problem hat praktisch aber nur eine geringe Bedeutung: Soweit es um das Verhältnis zwischen Vorbehaltsverkäufer und Vorbehaltskäufer geht, besteht ohnehin ein **vertragliches Besitzrecht** (aus dem bedingten Kaufvertrag). Relevant wird die Frage nur bei einem **gutgläubigen Erwerb des Anwartschaftsrechts vom Nichtberechtigten**, der seinen Besitz gegenüber dem wahren Eigentümer verteidigen will.*

2. Schuldrechtliches (obligatorisches) Recht zum Besitz

Der Besitzer, der mit dem Eigentümer einen **schuldrechtlichen Vertrag abgeschlossen hat**, ist zum Besitz berechtigt, wenn ihm aufgrund des Vertrags die Sache **auf Zeit überlassen** worden oder der schuldrechtliche Vertrag auf **Übertragung der Sache** gerichtet ist.

Beispiel: Der Mieter darf während der Vertragsdauer die Sache besitzen. Erst nach Ablauf der vertraglich vereinbarten Mietzeit oder durch Kündigung endet das Besitzrecht.

Beispiel: E hat K sein Auto verkauft und einige Tage später auch übereignet. Nachträglich stellt sich heraus, dass die Übereignung unwirksam war und E Eigentümer geblieben ist. Die Voraussetzungen des § 985 liegen vor. E ist Eigentümer und K ist Besitzer des Autos. K steht jedoch ein Recht zum Besitz gemäß § 986 zu, da E ihm das Auto (wirksam) verkauft hat. Aufgrund des aus dem (wirksamen) Kaufvertrag nach wie vor bestehenden Anspruchs des K auf Übergabe und Übereignung des Autos ist die Besitzlage gerechtfertigt.

Umstritten ist, ob auch ein **Zurückbehaltungsrecht** nach § 273 oder § 1000 ein „Recht zum Besitz" i.S.d. § 986 begründet.

■ Nach h.Lit. begründet es kein Recht zum Besitz, da neben der Befugnis zur Zurückbehaltung keine weiteren Rechte und Pflichten des Besitzers geregelt werden und seine Geltendmachung nicht zur Klageabweisung, sondern lediglich zur Verurteilung Zug um Zug führt. Ein Zurückbehaltungsrecht sei ein selbstständiges Gegenrecht.

■ Nach der Rspr. und einem Teil der Lehre begründet das Zurückbehaltungsrecht ein absolutes (§ 1000) oder relatives (§ 273) **„Recht zum Besitz"**.

■ **Stellungnahme:** Die Ansicht der h.Lit. ist vorzugswürdig:

  ■ Ein Zurückbehaltungsrecht ist immer nur einredeweise geltend zu machen, während ein „Recht zum Besitz" i.S.d. § 986 eine (von Amts wegen zu berücksichtigende) Einwendung darstellt.

  ■ Außerdem setzt ein Zurückbehaltungsrecht gemäß § 1000 einen Verwendungsersatzanspruch nach § 994 voraus. Ein solcher entsteht aber nur, wenn der Besitzer unrechtmäßiger Besitzer ist. In dem Moment, wo der Besitzer eine Verwendung auf die Sache vornimmt, würde er nach Ansicht der Rspr. zum rechtmäßigen Besitzer, sodass weitere Verwendungen nicht ersatzfähig wären.

  ■ Zurückbehaltungsrechte dienen zudem nur der Sicherung von Gegenansprüchen, während ein „Recht zum Besitz" zum Schutz vor Herausgabe führt.

II. Abgeleitetes Besitzrecht, § 986 Abs. 1 S. 1 Alt. 2

Die Besitzberechtigung kann sich aus einem Rechtsverhältnis ergeben, das zwischen dem Eigentümer und einem Dritten, von dem der jetzige Besitzer sein Besitzrecht ableitet, begründet worden ist („mittelbares" Besitzrecht).

Beispiel: Vermieter V hat eine Dreizimmerwohnung an Student S mit dem Einverständnis zur Untervermietung vermietet. S vermietet ein Zimmer an seinen Kommilitonen K unter. Auch K ist dem Eigentümer gegenüber zum Besitz berechtigt. Er hat gegenüber E zwar kein eigenes Besitzrecht, leitet sein Recht zum Besitz aber von S ab.

Abgeleitetes Besitzrecht, § 986 Abs. 1 S. 1 Alt. 2
I. Der unmittelbare Besitzer leitet sein Besitzrecht von einem Dritten ab, der nicht Eigentümer ist.
II. Der Dritte – von dem der unmittelbare Besitzer sein Besitzrecht ableitet – ist dem Eigentümer gegenüber zum Besitz berechtigt.
III. Der Dritte ist zur Weitergabe des Besitzes befugt.

Liegen die Voraussetzungen I. und II. vor, war der Dritte dem Eigentümer gegenüber aber zur Weitergabe des Besitzes nicht befugt, kann der Eigentümer nach **§ 986 Abs. 1 S. 2** nur **Rückgabe an den Dritten** verlangen.

§ 986 Abs. 2 vervollständigt den Schutz aus §§ 404 ff.

Ausnahmsweise kann der Besitzer die Herausgabe auch dann verweigern, wenn ihm gegenüber dem Eigentümer kein Recht zum Besitz zusteht: Nach **§ 986 Abs. 2** kann der Besitzer einer beweglichen Sache, die durch Abtretung des Herausgabeanspruchs gemäß §§ 929, 931 veräußert worden ist, dem neuen Eigentümer ein Besitzrecht entgegenhalten, das dem abgetretenen Anspruch gegenüber besteht. Dies verstärkt den Schutz aus § 936 Abs. 3 desjenigen, der der Sache besitzrechtlich näher steht, und ergänzt den Schutz aus §§ 404 ff.

Beispiel: E hat eine Maschine an D für drei Monate verliehen. E veräußert diese Maschine an K unter Abtretung seines Herausgabeanspruchs aus der Leihe. Als K von D Herausgabe der Maschine verlangt, beruft sich dieser darauf, dass die Leihzeit noch nicht abgelaufen sei.

Ein Herausgabeanspruch des K gegen D kann sich aus §§ 604, 398 ergeben. E und K haben sich über die Abtretung eines Herausgabeanspruchs aus Leihe geeinigt. Als Verleiher war E auch Forderungsinhaber und daher zur Abtretung des Anspruchs aus § 604 berechtigt. D stand gegenüber E jedoch eine Einwendung aus dem Vertrag bis zum Ablauf der Leihzeit zu. Gemäß § 404 kann D diese Einwendung auch gegenüber dem Erwerber K geltend machen, sodass ein Anspruch aus §§ 604, 398 ausscheidet.

Ein Herausgabeanspruch des K gegen D kann sich jedoch aus § 985 ergeben. E und K haben sich über den Eigentumsübergang geeinigt, E hat K seinen Herausgabeanspruch aus § 604 abgetreten und E war als Eigentümer auch zur Verfügung berechtigt, sodass das Eigentum an der Maschine gemäß §§ 929, 931 auf K übergegangen ist. D ist unmittelbarer Besitzer der Maschine, § 854 Abs. 1. Ein dingliches Besitzrecht steht D an der Maschine nicht zu. Ein obligatorisches Besitzrecht stand D aus dem Leihvertrag allerdings gegenüber E zu. Dieses Besitzrecht kann er K jedoch nicht nach § 404 entgegenhalten, da E ja nicht den Anspruch aus § 985, sondern den Anspruch aus § 604 abgetreten hat. Der Herausgabeanspruch aus § 985 ist im Moment der Übereignung in der Person des K vielmehr neu entstanden. In diesem Fall greift allerdings § 986 Abs. 2 ein. Danach kann D auch gegenüber dem Anspruch aus § 985 die Einwendungen geltend machen, die ihm gegenüber dem Anspruch aus § 604 zustehen, sodass er die Herausgabe unter Berufung auf die vereinbarte Leihe zu Recht verweigert.

! *Bei einer Veräußerung nach § 930 gilt § 986 Abs. 2 analog, da der Besitzer ebenso schutzwürdig ist.*

1. Was sind die Voraussetzungen des Anspruchs aus § 985?

1. Der Anspruchsteller muss Eigentümer, der Anspruchsgegner unmittelbarer oder mittelbarer Besitzer sein. Der Anspruch ist gemäß § 986 ausgeschlossen, wenn der Besitzer ein eigenes oder abgeleitetes Recht zum Besitz hat.

2. Welche Rechtsfolge hat der Herausgabeanspruch aus § 985 gegen einen unmittelbaren und einen mittelbaren Besitzer?

2. Der Herausgabeanspruch gegen den unmittelbaren Besitzer richtet sich auf Übergabe der Sache. Von dem mittelbaren Besitzer kann der Eigentümer die Abtretung des Herausgabeanspruchs gegen den Besitzmittler verlangen (§ 870).

3. In welchen Fällen hat der Besitzer ein „eigenes Recht zum Besitz" i.S.d. § 986 Abs. 1 S. 1 Alt. 1?

3. In Betracht kommen: ein dingliches Recht zum Besitz (z.B. aus § 1204) oder ein Besitzrecht aus einem schuldrechtlichen Vertrag mit dem Eigentümer, der auf Übertragung der Sache oder auf Gebrauchsüberlassung gerichtet ist. Ob das Anwartschaftsrecht ein dingliches Besitzrecht begründet, ist umstritten; jedenfalls folgt ein schuldrechtliches Recht zum Besitz aus einem wirksamen Eigentumsvorbehaltskauf. Auch ein Zurückbehaltungsrecht begründet nach h.Lit. kein Recht zum Besitz, da es nicht zur Abweisung einer Klage, sondern nur zu einer Zug-um-Zug-Verurteilung führt.

4. Was versteht man unter einem „abgeleiteten Recht zum Besitz" i.S.v. § 986 Abs. 1 S. 1 Alt. 2?

4. Ein abgeleitetes Recht zum Besitz entsteht unter drei Voraussetzungen: der unmittelbare Besitzer muss sein Besitzrecht von einem Dritten ableiten, der Dritte muss dem Eigentümer gegenüber besitzberechtigt sein und er muss zur Überlassung des Besitzes befugt gewesen sein (Beispiel: berechtigte Untervermietung).

5. Wann kann der Besitzer die Herausgabe ausnahmsweise auch dann verweigern, wenn er dem Eigentümer gegenüber kein Recht zum Besitz hat?

5. Nach § 986 Abs. 2 kann im Falle einer Übereignung nach §§ 929, 931 der Besitzer dem neuen Eigentümer ein Besitzrecht entgegenhalten, das gegenüber dem abgetretenen Anspruch besteht.

6. Ist § 986 Einwendung oder Einrede? Wofür ist diese Unterscheidung im Rechtsstreit von Bedeutung?

6. Nach h.M. handelt es sich trotz des Wortlauts („kann verweigern") um eine von Amts wegen zu beachtende Einwendung (wichtig im Versäumnisverfahren bei Säumnis des Beklagten).

3. Abschnitt: Eigentümer-Besitzer-Verhältnis (EBV), §§ 987 ff.

A. Überblick

Die §§ 987 ff. regeln ein spezielles gesetzliches **Schuldverhältnis** zwischen dem Eigentümer und dem Besitzer einer Sache, wenn zwischen den Parteien kein vertragliches Schuldverhältnis besteht oder dieses unwirksam ist. Das EBV regelt im Verhältnis zwischen Eigentümer und Besitzer allerdings nur drei Komplexe abschließend:

- Die **Schadensersatzpflicht** des unrechtmäßigen Besitzers bei Beschädigung, Zerstörung oder Unmöglichkeit der Herausgabe der Sache,

- die Pflicht des unrechtmäßigen Besitzers, gezogene **Nutzungen** zu ersetzen und

- die Pflicht des Eigentümers, dem unrechtmäßigen Besitzer einen Ausgleich für von ihm auf die Sache vorgenommene **Verwendungen** zu gewähren.

Der Anwendungsbereich des EBV erschließt sich am ehesten, wenn man sich die Unterscheide zwischen der Haftung eines Nichtbesitzers, eines rechtmäßigen Besitzers und eines unrechtmäßigen Besitzers für die Beschädigung einer Sache deutlich macht:

I. Die Haftung des Nichtbesitzers

Haftung aus §§ 823 ff.

Wer das Eigentum eines anderen verletzt, **ohne im Besitz der Sache zu sein**, haftet nach den Regeln der unerlaubten Handlung (§§ 823 ff.) und der Gefährdungshaftung (z.B. §§ 7, 18 StVG).

Auch wenn eine Sache bereits bei der Besitzbegründung beschädigt oder zerstört wird, haftet der Verletzer unmittelbar nach § 823. Die Sonderregeln der §§ 987 ff. setzen eine bereits erfolgte Besitzbegründung voraus.

Beispiel: B reißt E die Handtasche aus der Hand. Dabei reißt der Tragegurt. B haftet auf Schadensersatz nach § 823.

II. Die Haftung des rechtmäßigen Besitzers

Haftung aus Vertrag und §§ 823 ff.

Ob und unter welchen Voraussetzungen der **rechtmäßige Besitzer**, der das Eigentum verletzt, dem Eigentümer gegenüber auf Schadensersatz haftet, bestimmt sich aus dem zugrunde liegenden, die Rechtmäßigkeit begründenden rechtsgeschäftlichen oder gesetzlichen Schuldverhältnis. Ergänzend haftet auch der rechtmäßige Besitzer deliktisch.

Beispiel: Mieter M beschädigt das Parkett in der Wohnung des E. M haftet gemäß § 280 und § 823 auf Schadensersatz.

III. Die Haftung des unrechtmäßigen Besitzers aus EBV

Ob und unter welchen Voraussetzungen ein **unrechtmäßiger Besitzer** haftet, ergibt sich nicht aus einem vorrangigen rechtsgeschäftlichen oder gesetzlichen Schuldverhältnis, da ein solches entweder nie bestand oder unwirksam ist. In den §§ 987 ff. hat der Gesetzgeber für den unrechtmäßigen Besitzer ein eigenes Haftungssystem geschaffen. Der Zweck der §§ 987 ff. besteht in erster Linie darin, den **gutgläubigen unrechtmäßigen Besitzer**, der sich für den Eigentümer bzw. den berechtigten Fremdbesitzer hält, gegenüber den allgemeinen Vorschriften des Delikts- und Bereicherungsrechts zu **privilegieren**.

Haftung aus EBV (keine rechtsgeschäftliche und auch in der Regel keine deliktische Haftung)

Privilegierung des gutgläubigen Besitzers

Beispiel: B kauft bei dem seriösen Händler H ein Auto, das dem Eigentümer E gestohlen wurde. Aufgrund leichter Fahrlässigkeit beschädigt B den Wagen. Bei Anwendung des § 823 Abs. 1 hätte E gegen B einen Schadensersatzanspruch, da B wegen § 935 nicht Eigentümer des Wagens geworden ist. Dem tragen die §§ 990 Abs. 1, 989 Rechnung: Für verschuldete Beschädigung haftet nur der bösgläubige Besitzer.

Die Haftung des **bösgläubigen unrechtmäßigen Besitzers** wird demgegenüber **verschärft**, denn das EBV begründet ein gesetzliches Schuldverhältnis, sodass der bösgläubige Besitzer für Gehilfen gemäß § 278 und nicht nach § 831 haftet.

Haftungsverschärfung bei bösgläubigem/verklagtem Besitzer

Beispiel: D lässt in Kenntnis seines fehlenden Besitzrechts seinen Angestellten A das Auto des Eigentümers E reparieren. Dabei beschädigt der ansonsten zuverlässige und durch D sorgfältig ausgewählte und überwachte A das Auto fahrlässig. D selbst ist ein Verschulden nicht vorzuwerfen, sodass er nach § 823 Abs. 1 nicht haften würde. Auch eine Haftung nach § 831 würde ausscheiden, da D sich exkulpieren kann. Allerdings haftet D gemäß §§ 990 Abs. 1, 989, da ihm das Verschulden des A nach § 278 zugerechnet wird.

*Die Vorschriften der §§ 987 ff. sind **nach Ansprüchen aus Vertrag oder GoA** zu prüfen, da sich daraus ein Recht zum Besitz ergeben kann. Sie enthalten bezüglich Schadensersatzansprüchen, Nutzungsansprüchen und nach h.M. auch bezüglich des Verwendungsersatzes eine abschließende Sonderregelung, sodass sie **vor bereicherungsrechtlichen oder deliktischen Ansprüchen** zu prüfen sind.*

!

B. Die Haftung des unrechtmäßigen Besitzers

I. Schadensersatzanspruch gegen den bösgläubigen Besitzer, §§ 989, 990 Abs. 1

> ### Aufbauschema: Schadensersatzanspruch gegen den bösgläubigen unrechtmäßigen Besitzer, §§ 989, 990 Abs. 1
>
> **I.** Bestehen einer Vindikationslage im Zeitpunkt der Tatbestandsverwirklichung
>
> **II.** Bösgläubigkeit des Besitzers
>
> - Kenntnis oder grob fahrlässige Unkenntnis des fehlenden Besitzrechts bei Besitzerwerb
>
> - Erlangung positiver Kenntnis des fehlenden Besitzrechts während der Besitzzeit
>
> **III.** Verschlechterung, Untergang oder Unmöglichkeit der Herausgabe der Sache
>
> **IV.** Verschulden (verschärfte Haftung bei Verzug mit der Herausgabe, §§ 990 Abs. 2, 287)
>
> **V. Rechtsfolge:** Schadensersatz, §§ 249 ff.
>
> - Ersatzfähig sind der Wert der Sache und entgangener Gewinn
>
> - Ersatz des Vorenthaltungsschadens nur bei Verzug mit der Herausgabe, § 990 Abs. 2 i.V.m. §§ 280 Abs. 1, 2, 286

1. Bestehen einer Vindikationslage im Zeitpunkt der Tatbestandsverwirklichung

Vindikationslage = Bestehen eines Anspruchs aus § 985

Die Haftung nach §§ 987 ff. setzt zunächst voraus, dass im Zeitpunkt der Tatbestandsverwirklichung (also z.B. Beschädigung der Sache) eine sogenannte **Vindikationslage** bestand, der Eigentümer also einen **Herausgabeanspruch gegen den Besitzer aus § 985** hatte. Wird eine Sache z.B. bereits bei der Besitzbegründung beschädigt oder zerstört, haftet der Verletzer unmittelbar nach § 823. Die Sonderregeln der §§ 987 ff. setzen ein EBV bereits **im Zeitpunkt der Tatbestandsverwirklichung** voraus.

Achtung! Relevanter Zeitpunkt: Bereits bestehendes EBV bei Eigentumsverletzung

Beispiel: B reißt E die Handtasche aus der Hand. Dabei reißt der Tragegurt. Später schlitzt B ein verschlossenes Seitenfach der Tasche auf. Für den beschädigten Tragegurt haftet B unmittelbar gemäß § 823 auf Schadensersatz, da im Moment der Wegnahme der Tasche noch kein EBV zwischen B und E bestand. Für die Beschädigung des Seitenfaches haftet B aus §§ 989, 990 und § 992, da inzwischen ein EBV – ein Herausgabeanspruch der E gegen B gemäß § 985 – besteht.

2. Bösgläubigkeit des Besitzers

Weiter muss der Besitzer **bösgläubig** gewesen sein. Der Bezugspunkt der Bösgläubigkeit ist in den §§ 987 ff. – anders als z.B. in § 932 Abs. 2 – nicht das Eigentum, sondern das **Besitzrecht**.

a) Bösgläubig ist daher, wer weiß, dass er zum Besitz nicht berechtigt ist. Der Eigenbesitzer kennt seine fehlende Besitzberechtigung, wenn er weiß, dass er nicht Eigentümer ist; der Fremdbesitzer ist bösgläubig, wenn er weiß, dass die Rechtsbeziehung, aus der er sein Besitzrecht ableitet, unwirksam ist oder ihm gar kein Besitzrecht vermittelt.

Bösgläubigkeit = positive Kenntnis oder grob fahrlässige Unkenntnis des fehlenden Besitzrechts bei Besitzerwerb

b) Durch die Formulierung „nicht in gutem Glauben" verweist § 990 Abs. 1 S. 1 hinsichtlich des Maßstabs der Kenntnis auf § 932 Abs. 2. **Bösgläubig ist daher derjenige, der den Mangel seines Besitzrechts beim Erwerb des Besitzes kennt oder infolge grober Fahrlässigkeit nicht kennt.**

Sofern der Besitzer beim Erwerb gutgläubig ist, wird er später allerdings nur bösgläubig, wenn er **positive Kenntnis** von seinem mangelnden Besitzrecht erhält, § 990 Abs. 1 S. 2.

Nach Besitzerwerb schadet nur positive Kenntnis

c) In § 990 ist nur geregelt, unter welchen Voraussetzungen der Besitzer selbst bösgläubig ist. Häufig kann eine Zurechnung der Bösgläubigkeit erforderlich sein:

- Dem unrechtmäßigen Besitzer wird die Bösgläubigkeit eines selbstständig handelnden **Besitzdieners** nach h.M. analog § 166 Abs. 1 zugerechnet (a.A. Zurechnung nach § 831 analog mit Exkulpationsmöglichkeit).

Zurechnung bei Besitzdiener: § 166 Abs. 1 analog

- Ein **Minderjähriger** ist bösgläubig, wenn sein gesetzlicher Vertreter den Besitzerwerb vollzieht und dabei bösgläubig ist. Hat der Minderjährige selbst gehandelt, ist nach h.M. zu differenzieren:

  - Muss der wegen der Minderjährigkeit des Vertragspartners unwirksame Vertrag rückabgewickelt werden, ist wegen des Minderjährigenschutzes nach §§ 107 ff. für die Beurteilung der Bösgläubigkeit die Person des **gesetzlichen Vertreters** maßgebend.

  - Hat der Minderjährige sich den Besitz durch unerlaubte Handlung verschafft, gilt **§ 828** entsprechend, sodass es auf die

Bei Minderjährigen kommt es auf die Kenntnis des gesetzlichen Vertreters bei unwirksamen Verträgen an; sonst auf die Kenntnis des Minderjährigen selbst

Bösgläubigkeit des Minderjährigen selbst ankommt, wenn er über die erforderliche Einsichtfähigkeit in sein Handeln verfügt.

Zurechnung bei Erben:
§ 857

- Einem **Erben** wird die Bösgläubigkeit des Erblassers zugerechnet, da er gemäß § 857 in dessen besitzrechtliche Stellung einrückt. Sobald der Erbe allerdings die tatsächliche Sachherrschaft selbst ergreift, bestimmt sich die Gut- und Bösgläubigkeit nach seinen persönlichen Kenntnissen.

- **Juristische Personen** und besitzfähige **Personengesellschaften** sind selbst als Besitzer anzusehen. Das die Sachherrschaft ausübende Organ hat – ähnlich einem Besitzdiener – keinen eigenen Besitz an der Sache. Hinsichtlich der Bösgläubigkeit einer juristischen Person kommt es auf das Wissen ihrer Organe an, das ihr analog § 31 zugerechnet wird.

3. Verschlechterung, Untergang oder Unmöglichkeit der Herausgabe der Sache

§ 990 Abs. 1 verweist für die Schadensersatzhaftung des unrechtmäßigen bösgläubigen Besitzers auf **§ 989**. Danach wird für eine Verschlechterung der Sache, ihren Untergang oder eine anderweitige Unmöglichkeit der Herausgabe gehaftet. Eine **Verschlechterung** kann auf einer Beschädigung, dem Unterlassen einer Reparatur oder auch der bloßen Abnutzung der Sache beruhen. Nach h.M. genügt im Übrigen **jede Unmöglichkeit der Herausgabe**. Dies ist insbesondere der Fall bei Verarbeitung, Vermischung, Verbrauch, Verlust der Sache oder Weitergabe an einen Dritten.

4. Verschulden

Bei der Verweisung auf § 989 handelt es sich um eine Rechtsgrundverweisung, da auch das Verschuldenserfordernis des § 989 umfasst wird. Der bösgläubige Besitzer haftet also nur für eine von ihm **schuldhaft** herbeigeführte Verschlechterung oder anderweitige Unmöglichkeit der Herausgabe.

Innerhalb des EBV gilt
beim Verschulden § 278

Eine Besonderheit des EBV besteht darin, dass es sich um ein **gesetzliches Schuldverhältnis** handelt. Anders als bei einem deliktischen Schadensersatzanspruch kann daher das Verschulden eines Erfüllungsgehilfen dem Besitzer nach § 278 zugerechnet werden.

Für Minderjährige gelten die §§ 827, 828.

Für eine Haftung nach §§ 989, 990 Abs. 1 ist also ein „doppeltes Verschulden" erforderlich: Der Besitzer muss Kenntnis oder grob fahrlässige Unkenntnis von seinem fehlenden Besitzrecht haben und ihn muss ein Verschulden bezüglich der Verschlechterung oder der Unmöglichkeit der Herausgabe treffen, wobei insoweit auch leichte Fahrlässigkeit ausreicht.

Der **unrechtmäßige bösgläubige Besitzer, der mit der Herausgabe der Sache im Verzug** ist, haftet gemäß § 990 Abs. 2 verschärft, nämlich auch für einen zufälligen Untergang, § 287.

Haftungsverschärfung bei Verzug

5. Rechtsfolge: Schadensersatz

Zu ersetzen ist nach den §§ 249 ff. der durch die Verschlechterung oder Unmöglichkeit der Herausgabe entstandene Schaden. Dazu gehört auch ein entgangener Gewinn, nicht aber der durch die Vorenthaltung der Sache entstandenen Schaden. Dieser ist nur nach den §§ 990 Abs. 2, 286 ff. unter den Voraussetzungen des Verzugs ersatzfähig.

Den **unrechtmäßigen bösgläubigen Besitzer, der mit der Herausgabe der Sache im Verzug** ist, trifft gemäß § 990 Abs. 2 eine weitere Haftungsverschärfung: Er haftet gemäß §§ 280 Abs. 1, 2, 286 auch auf den Vorenthaltungsschaden.

Vorenthaltungsschaden nur bei Verzug

Beispiel: N befindet sich im Besitz einer Maschine des E; N weiß, dass er E die Maschine eigentlich zurückgeben müsste, möchte sie aber noch für ein paar Tage benutzen. Dabei wird die Maschine von N schuldhaft beschädigt. N haftet dem E gemäß §§ 989, 990 Abs. 1 auf Schadensersatz. Die Kosten des E für die zwischenzeitliche Anmietung einer Ersatzmaschine (= Vorenthaltungsschaden) muss N hingegen nur übernehmen, wenn er sich mit der Herausgabe der Maschine in Verzug befand, wenn E ihn z.B. gemahnt hat, § 990 Abs. 2 i.V.m. §§ 280 Abs. 1, 2, 286.

6. Konkurrenzen

Zu dem Anspruch aus §§ 989, 990 Abs. 1 bestehen folgende Konkurrenzen:

■ Wird die Herausgabe einer Sache unmöglich, da diese **entgeltlich an einen Dritten weiterveräußert** worden ist, besteht neben dem EBV ein Anspruch auf Herausgabe des Veräußerungserlöses aus **§ 816 Abs. 1 S. 1**. Das EBV verdrängt **nicht** – wie vielfach vergröbernd dargestellt wird – generell bereicherungsrechtliche Ansprüche. Vielmehr verdrängt das EBV bereicherungsrechtliche Ansprüche nur dort, wo es selbst eine abschließende Regelung trifft. Das EBV enthält aber selbst keine Rege-

§ 816 Abs. 1 gilt neben EBV!

lungen über die Erlösherausgabe, sodass § 816 anwendbar ist (**Achtung:** Häufiger Klausurfehler!).

■ Selbstverständlich wird daher auch der Anspruch gegen einen **unentgeltlichen Erwerber gemäß § 816 Abs. 1 S. 2** nicht durch die Vorschriften des EBV verdrängt.

■ Kennt der Besitzer das Fehlen seiner Besitzberechtigung, erfüllt die Weiterveräußerung zugleich den Tatbestand der **angemaßten Eigengeschäftsführung** nach § 687 Abs. 2. Die danach bestehenden Ansprüche (§§ 687 Abs. 2, 681 S. 2, 666: Auskunft und Rechenschaft; §§ 687 Abs. 2, 681 S. 2, 667: Herausgabepflicht des Geschäftsführers; §§ 687 Abs. 2, 687: Schadensersatz) werden durch das EBV ebenfalls nicht verdrängt.

■ Wird die Herausgabe der Sache unmöglich, da diese durch **Verbindung, Vermischung oder Verarbeitung** ihre rechtliche Eigenständigkeit verloren hat, besteht neben dem Schadensersatzanspruch aus EBV ein Anspruch aus **§§ 951, 812 Abs. 1 S. 1 Var. 2** (siehe dazu bereits oben S. 48). Auch dieser Anspruch wird durch das EBV nicht verdrängt, da es sich um einen Rechtsfortwirkungsanspruch handelt, der an die Stelle des Anspruchs aus § 985 tritt.

Nach h.M. schließt das EBV bei Beschädigung der Sache deliktische Ansprüche auch gegenüber einem bösgläubigen Besitzer aus.

■ Wird die Herausgabe der Sache unmöglich, da diese beschädigt oder zerstört worden ist, besteht ein **Konkurrenzverhältnis zu den §§ 823 ff.** § 993 Abs. 1 Hs. 2 bestimmt, dass der Besitzer „im Übrigen" nicht zum Schadensersatz verpflichtet ist. Unstreitig scheidet nach § 993 Abs. 1 Hs. 2 grundsätzlich eine Haftung des **gutgläubigen** Besitzers nach den §§ 823 ff. aus. Umstritten ist jedoch, ob eine Haftung des bösgläubigen Besitzers nach den §§ 823 ff. in Betracht kommt.

　■ Nach einer Ansicht bezieht sich § 993 Abs. 1 Hs. 2 auf den Hs. 1, in dem es heißt: „Liegen die in den §§ 987 bis 992 bezeichneten Voraussetzungen nicht vor ...". Die **Sperrwirkung** des § 993 greife deshalb nur bei einem **gutgläubigen und unverklagten** Besitzer ein (**relative Sperrwirkung**). Auch der Zweck des EBV – den gutgläubigen und unverklagten Besitzer zu schützen – gebiete keine Ausdehnung der Sperrwirkung auch auf den bösgläubigen Besitzer.

　■ Die h.M. liest § 993 Abs. 1 Hs. 2 isoliert und geht deshalb davon aus, dass § 823 im Anwendungsbereich des EBV überhaupt nicht anwendbar ist (**absolute Sperrwirkung**).

- Für die h.M. spricht, dass nach § 990 Abs. 2 auch der bösgläubige Besitzer einen Vorenthaltungsschaden nur bei Verzug mit der Herausgabe ersetzen muss. Diese Regelung würde durch die Anwendung des Deliktsrechts unterlaufen, da nach § 823 Abs. 1 ein Vorenthaltungsschaden ohne die Verzugsvoraussetzungen (insbesondere ohne Mahnung) ersetzt werden müsste. Außerdem soll der bösgläubige Besitzer im EBV gemäß § 990 Abs. 2 i.V.m. § 287 für Zufall nur bei Verzug haften; würde man § 823 anwenden, würde er gemäß § 848 immer für Zufall haften.

Anerkannt ist allerdings, dass eine Haftung des Besitzers nach § 826 durch das EBV nicht verdrängt wird. Der vorsätzliche und sittenwidrige Schädiger ist nicht schutzwürdig. **!**

1. Nach welchen Vorschriften haften der Nichtbesitzer, der rechtmäßige Besitzer und der unrechtmäßige Besitzer dem Eigentümer im Falle der Beschädigung oder Zerstörung der Sache auf Schadensersatz?

1. Der Nichtbesitzer haftet nach §§ 823 ff., der rechtmäßige Besitzer haftet als Fremdbesitzer nach den Regeln des Schuldverhältnisses, aus dem er sein Recht zum Besitz ableitet, sowie aus §§ 823 ff. Der unrechtmäßige Besitzer haftet aus §§ 989 ff. Umstritten ist, ob er daneben noch in bestimmten Fällen nach §§ 823 ff. haften kann (z.B. Fremdbesitzerexzess).

2. Wonach haftet ein unrechtmäßiger Besitzer bei Beschädigung der Sache auf Schadensersatz?

2. Der unrechtmäßige Besitzer haftet
- nach §§ 989, 990 Abs. 1 u. Abs. 2 bei Bösgläubigkeit;
- nach § 989 bei Rechtshängigkeit;
- unmittelbar nach §§ 823 ff., wenn der unrechtmäßige gutgläubige Fremdbesitzer sein vermeintliches Besitzrecht überschreitet;
- nach § 992 unter den Voraussetzungen der §§ 823 ff., wenn sich der Deliktsbesitzer die Sache durch verbotene Eigenmacht oder durch eine Straftat verschafft hat.

3. Welchen Grundsatz entnimmt die h.M. aus § 993 für Schadensersatzansprüche gegen den unrechtmäßigen Besitzer?

3. Aus § 993 Abs. 1 a.E. entnimmt die h.M., dass die §§ 989 ff. eine grundsätzlich abschließende Sonderregelung für Schadensersatzansprüche darstellen und zwar auch dann, wenn der Besitzer bösgläubig oder verklagt ist.

4. Welcher Schaden wird nach § 989 bzw. §§ 990 Abs. 1, 989 ersetzt?

4. Grundsätzlich wird nach §§ 989, 990 Abs. 1 nur der Substanzschaden, nicht der Vorenthaltungsschaden ersetzt. Bei entgangenem Gewinn und sonstigen Begleitschäden ist immer streng zu unterscheiden, ob sie aufgrund der Vorenthaltung der Sache oder aufgrund einer der in § 989 enthaltenen Gründe entstanden sind.

5. Unter welchen Voraussetzungen hat der unrechtmäßige Besitzer dem Eigentümer auch den „Vorenthaltungsschaden" zu ersetzen?

5. Befindet sich der unrechtmäßige Besitzer in Verzug mit der Herausgabe, haftet er gemäß § 990 Abs. 2 nach §§ 280 Abs. 1, Abs. 2, 286 Abs. 1 auf Ersatz des Vorenthaltungsschadens. Beachte: § 990 Abs. 2 ist nur auf den bösgläubigen, nicht auch auf den verklagten (§ 989) unrechtmäßigen Besitzer anzuwenden. Der deliktische Besitzer haftet nach § 992 i.V.m. §§ 823 ff. auch auf den Vorenthaltungsschaden, da er adäquate Folge der deliktischen Eigentumsverletzung ist.

6. Unter welchen Voraussetzungen kann im Rahmen des § 990 auch die Bösgläubigkeit von Hilfspersonen zugerechnet werden?

6. Das Gesetz regelt die Frage der Bösgläubigkeitszurechnung im Rahmen des § 990 nicht ausdrücklich. Die h.M. wendet § 166 analog an, da diese Vorschrift die Frage der Wissenszurechnung betrifft.

II. Nutzungsersatzanspruch gegen den bösgläubigen Besitzer, §§ 987, 990 Abs. 1

Aufbauschema: Nutzungsersatzanspruch gegen den bösgläubigen unrechtmäßigen Besitzer, §§ 987, 990 Abs. 1
I. Bestehen einer Vindikationslage im Zeitpunkt der Nutzung
II. Bösgläubigkeit des Besitzers
■ Kenntnis oder grob fahrlässige Unkenntnis des fehlenden Besitzrechts bei Besitzerwerb
■ Erlangung positiver Kenntnis des fehlenden Besitzrechts während der Besitzzeit
III. Nutzung der Sache
IV. Rechtsfolge: Herausgabe der Nutzungen bzw. Wertersatz
V. Einschränkung im 3-Personen-Verhältnis: Bösgläubigkeit auch des mittelbaren Besitzers erforderlich, § 991 Abs. 1

Der unrechtmäßige bösgläubige Besitzer muss zudem nach §§ 987, 990 Abs. 1 von ihm gezogene Nutzungen herausgeben. Die Voraussetzungen des Nutzungsersatzanspruchs sind weitgehend identisch mit dem Schadensersatzanspruch gegen den bösgläubigen Besitzer. Der Nutzungsersatzanspruch ist aber natürlich verschuldensunabhängig.

1. Nutzungen

Nutzungen i.S.d. §§ 987 ff. sind die **Früchte einer Sache** sowie die **Vorteile, die der Gebrauch der Sache** gewährt (§ 100). Zu den Früchten gehören die Sachfrüchte und die Rechtsfrüchte (§ 99).

Nutzungen = Früchte und Gebrauchsvorteile, § 100

Früchte = Sach- und Rechtsfrüchte, § 99

Beispiele: Äpfel stellen (Sach-)Früchte und damit Nutzungen eines Apfelbaums dar. Die Miete ist eine „Rechtsfrucht" und stellt daher eine Nutzung der Mietsache dar. Hat der Besitzer in der Wohnung selbst gewohnt, hatte er einen „Gebrauchsvorteil", der ebenfalls eine Nutzung darstellt.

Zwar gehören zu den Nutzungen gemäß § 100 auch die Früchte und Gebrauchsvorteile eines Rechts, doch unterliegen Rechte nicht der Vindikation nach § 985 ff., sodass auch der Anwendungsbereich der §§ 987 ff. auf Sachen begrenzt ist. Von Nutzungen kann allerdings nur so lange gesprochen werden, wie die Muttersache erhalten bleibt. Der Verbrauch der Sache ist daher keine Nutzung. Im Fall des Verbrauchs wird Schadensersatz nach § 989 geschuldet.

Beispiel: Der Besitzer schlachtet ein Kalb.

2. Nutzungsherausgabe oder Wertersatz

Soweit die Nutzungen in Natur vorhanden sind, sind sie herauszugeben. Dies kann insbesondere bei den Sachfrüchten der Fall sein. Soweit die Nutzungen nicht mehr vorhanden sind oder wie bei Gebrauchsvorteilen naturgemäß nicht herausgegeben werden können, muss in Höhe des objektiven Wertes Ersatz geleistet werden. Auf den Wegfall der Bereicherung kann sich der unrechtmäßige Besitzer nicht berufen, da § 987 Abs. 1 – anders als z.B. § 988 – nicht in das Bereicherungsrecht und damit auch nicht auf § 818 Abs. 3 verweist. Nach § 987 Abs. 2 sind sogar die Nutzungen zu ersetzen, die infolge eines Verschuldens des unrechtmäßigen Besitzers nicht gezogen worden sind.

3. Einschränkung gemäß § 991 Abs. 1 im 3-Personen-Verhältnis

Der **bösgläubige Fremdbesitzer**, der für einen Dritten besitzt, haftet dem Eigentümer gegenüber auf Herausgabe von Nutzungen nur unter der zusätzlichen Voraussetzung, dass auch der mittelbare Besitzer, für den er besitzt, bösgläubig oder verklagt ist (§ 991 Abs. 1).

§ 991 Abs. 1 schützt mittelbaren Besitzer vor Regress des unmittelbaren Besitzers

Der Sinn und Zweck der zunächst schwer verständlichen Regelung des § 991 Abs. 1 besteht darin, den mittelbaren Besitzer zu schützen: Ohne die Regelung des § 991 Abs. 1 bestünde nämlich die Gefahr, dass der Eigentümer Nutzungsersatz von dem unmittelbaren Besitzer verlangt und dieser bei dem gutgläubigen mittelbaren Besitzer Regress nimmt.

Beispiel: Der vermeintliche Erbe V verpachtet eine Sandgrube an B. B verkennt grob fahrlässig, dass das Testament nichtig war. Der wahre Erbe E verlangt später, nachdem er die Sandgrube zurückerhalten hat, von B Nutzungsersatz. Eigentlich würde B dem E gegenüber gemäß §§ 987, 990 auf Nutzungsersatz haften, da er bösgläubiger unmittelbarer Besitzer war. Dann aber hätte B gegen V gemäß §§ 581 Abs. 2, 536 (Rechtsmangel) einen Schadensersatzanspruch. Damit wäre V als gutgläubigem mittelbaren Besitzer im Ergebnis der Schutz des EBV entzogen. § 991 Abs. 1 schließt in diesem Fall Ansprüche des E gegen B aus, damit V keinen Regress fürchten muss.

Die Privilegierung des § 991 Abs. 1 greift nach h.M. aber nur ein, wenn **tatsächlich** Regressansprüche des unmittelbaren Besitzers gegen den mittelbaren Besitzer bestehen würden.

Abwandlung: B wusste schon bei Vertragsschluss positiv, dass V aufgrund des nichtigen Testaments nicht berechtigt war, ihm ein Nutzungsrecht einzuräumen. Dem Wortlaut des Gesetzes nach haftet B auch in diesem Fall nicht, da ja der mittelbare Besitzer V gutgläubig war. Allerdings ist zu beachten, dass der

Schadensersatzanspruch des B gegen V vorliegend nach § 536 b ausgeschlossen ist, da B von der Nichtigkeit des Testaments bereits bei Vertragsschluss positiv wusste. In diesem Fall besteht daher keine Gefahr, dass der redliche mittelbare Besitzer V einem Regressanspruch des B ausgesetzt ist. Deswegen wird eine teleologische Reduktion des § 991 Abs. 1 auf die Fälle angenommen, in denen tatsächlich Regressansprüche bestehen. B haftet als bösgläubiger Fremdbesitzer trotz Gutgläubigkeit des V entgegen § 991 Abs. 1 auf Herausgabe der Nutzungen nach §§ 987, 990.

4. Konkurrenzen

Zu den Ansprüchen aus §§ 987, 990 Abs. 1 bestehen folgende Konkurrenzen:

- Neben dem EBV besteht bei positiver Kenntnis ein Anspruch auf Herausgabe der Nutzungen aus **angemaßter Eigengeschäftsführung** nach §§ 687 Abs. 2, 681 S. 2, 667.

- Umstritten ist, ob Nutzungen außer nach den Vorschriften des EBV auch aus **Bereicherungsrecht** herauszugeben sind oder ob die §§ 987 ff. auch insoweit eine abschließende Sonderregelung (§ 993 Abs. 1 Hs. 2) enthalten.

  - Die Rspr. und Teile der Lit. sehen §§ 987 ff. als erschöpfende Regelungen auch für die Nutzungsherausgabe an, sodass eine Anwendung des Bereicherungsrechts vollständig ausgeschlossen ist. Diese Sichtweise kann sich allerdings bei einem gutgläubigen Besitzer, der die Sache aufgrund einer Leistungsbeziehung vom Eigentümer erhalten hat, als unbillig erweisen (dazu sogleich ausführlich unter S. 116).

  - Die vorzugswürdige h.Lit. hält die §§ 987 ff. deshalb nicht für abschließend, soweit es um die Rückabwicklung fehlgeschlagener Verträge geht. D.h. die Leistungskondiktion ist neben den §§ 987 ff. unmittelbar anwendbar.

C. Die Haftung des verklagten Besitzers

Aufbauschema: Schadensersatzanspruch gegen den verklagten unrechtmäßigen Besitzer gemäß § 989

I. Bestehen einer Vindikationslage im Zeitpunkt der Tatbestandsverwirklichung

II. Rechtshängigkeit der Herausgabeklage

III. Verschlechterung, Untergang oder Unmöglichkeit der Herausgabe der Sache

IV. Verschulden (keine Haftungsverschärfung nach § 990 Abs. 2!)

V. **Rechtsfolge:** Schadensersatz, §§ 249 ff.

- Ersatzfähig sind der Wert der Sache und entgangener Gewinn

- Kein Ersatz des Vorenthaltungsschadens (§ 990 Abs. 2 gilt nur für den bösgläubigen Besitzer)

Aufbauschema: Nutzungsersatzanspruch gegen den verklagten unrechtmäßigen Besitzer gemäß § 987

I. Bestehen einer Vindikationslage im Zeitpunkt der Tatbestandsverwirklichung

II. Rechtshängigkeit der Herausgabeklage

III. Nutzung der Sache

IV. **Rechtsfolge:** Herausgabe der Nutzungen bzw. Wertersatz

---

Die Haftung des **bösgläubigen** und des **verklagten** Besitzers sind – wie man an den Aufbauschemata sieht – weitgehend identisch.

Verklagt ist der Besitzer mit **Rechtshängigkeit der Klage auf Herausgabe der Sache**. Diese wird nach § 261 ZPO durch Klageerhebung begründet, was nach § 253 Abs. 1 ZPO die Zustellung der Klageschrift an den Beklagten erfordert.

Auf Nutzungen zwischen Anhängigkeit (Eingang der Klage bei Gericht) und Rechtshängigkeit (Zustellung an den Beklagten) erstreckt sich der Anspruch nicht. Auch § 167 ZPO findet keine Anwendung, da es nicht um die Wahrung einer Frist geht, sondern um die Frage, ob der Besitzer weiß, dass gegen ihn ein Herausgabeanspruch geltend gemacht wird.

Ein Unterschied in der Haftung des bösgläubigen und des verklagten Besitzers besteht nur bei der Verschärfung gemäß **§ 990 Abs. 2**: Danach haftet nur der Bösgläubige nach den Verzugsregeln auf den Vorenthaltungsschaden und für Zufall, nicht aber der (gutgläubige) Verklagte. Dies folgt aus der Systematik der §§ 989, 990: Andernfalls hätte die verschärfte Haftung in § 989 geregelt werden müssen. Eine Klageerhebung macht im Übrigen nicht notwendig bösgläubig, insbesondere wenn der Besitzer auch weiterhin an sein Besitzrecht glaubt.

D. Die Haftung des deliktischen Besitzers, § 992

Aufbauschema: Schadensersatzanspruch gegen den deliktischen Besitzer gemäß § 992
I. Bestehen einer Vindikationslage im Zeitpunkt der Tatbestandsverwirklichung
II. Besitzerlangung durch Straftat oder schuldhaft verbotene Eigenmacht
III. Schuldhafte und rechtswidrige Eigentumsverletzung, § 823
IV. Rechtsfolge: Schadensersatzhaftung und Ersatz von Nutzungen, selbst wenn der Eigentümer diese selbst nicht gezogen hätte

Das EBV privilegiert den gutgläubigen Besitzer und – wie § 990 Abs. 2 zeigt – teilweise auch den bösgläubigen bzw. verklagten Besitzer. Keinen besonderen Schutz soll hingegen der „deliktische Besitzer" genießen, also ein Besitzer, der sich den Besitz durch eine Straftat oder eine schuldhaft verbotene Eigenmacht verschafft hat.

Ein deliktischer Besitzer ist übrigens nicht zwingend bösgläubig und **!** *haftet daher nicht automatisch nach §§ 989, 990 Abs. 1 bzw. §§ 987, 990 Abs. 1: Wer fahrlässig eine Sache für die eigene hält und sie dem Besitzer wegnimmt, ist nicht bösgläubig i.S.d. § 990 Abs. 1. Trotzdem begeht er eine verbotene Eigenmacht, sodass über § 992 der Weg ins Deliktsrecht eröffnet ist.*

Beispiel: B nimmt nach einem Restaurantbesuch den Regenschirm des E, den er für seinen eigenen hält, mit nach Hause, obwohl er hätte erkennen können, dass es nicht sein Schirm war. Am nächsten Tag lässt er ihn aus Unachtsamkeit in der Straßenbahn liegen. B schuldet E aus §§ 992, 858, 823 Schadensersatz, obwohl er gutgläubig ist.

I. Voraussetzungen

Der gutgläubige oder bösgläubige Besitzer, der sich den **Besitz durch verbotene Eigenmacht oder Straftat verschafft** hat (§ 992), haftet nach den Regeln der unerlaubten Handlung, §§ 823 ff. Es sind also zwei Tatbestände zu verwirklichen:

- **§ 992:** Danach muss eine verbotene Eigenmacht oder eine Straftat, also eine vorwerfbare Besitzverschaffung gegeben sein und

- **§ 823 Abs. 1:** Der Handelnde muss eine schuldhafte rechtswidrige Eigentumsverletzung begangen haben. Die Verweisung in § 992 auf die Regeln der unerlaubten Handlung stellt eine **Rechtsgrundverweisung** dar, sodass für die Haftung des unrechtmäßigen Besitzers der objektive und subjektive Tatbestand des § 823 Abs. 1 verwirklicht sein muss.

1. Besitzverschaffung durch Straftat

Eine Straftat i.S.d. § 992 setzt voraus, dass eine Strafnorm verletzt ist, die sich gegen die **Art und Weise der Besitzverschaffung** richtet.

Beispiel: Der Besitzer, der den Besitz durch einen Raub (§§ 249 ff. StGB) erlangt, haftet nach § 992. Ist der Besitzer hingegen bereits im Besitz der Sache und begeht dann eine Unterschlagung (§ 266 StGB), greift § 992 nicht ein.

2. Besitzverschaffung durch schuldhaft verbotene Eigenmacht

Nach h.M. muss der Besitzer – über den Wortlaut des § 992 hinaus – eine **schuldhaft verbotene Eigenmacht** begangen haben, um nach den Vorschriften der unerlaubten Handlung auf Schadensersatz zu haften. Andernfalls bestände ein Wertungswiderspruch zur Alternative der Besitzverschaffung durch eine Straftat. Eine schuldhaft verbotene Eigenmacht liegt vor, wenn der Handelnde weiß oder nur aus Fahrlässigkeit nicht weiß, dass er eine verbotene Eigenmacht begeht.

Beispiel 1: B zieht in der Gaststätte den Mantel der E an, der ihrem ganz genau gleicht. Später beschädigt sie den Mantel durch Unachtsamkeit. Nunmehr stellt sich das Versehen heraus. Wenn B nicht erkennen konnte, dass sie den Mantel der E anzog und somit – ohne fahrlässig zu handeln – angenommen hat, sie sei Eigentümerin und Besitzerin des Mantels, dann fehlt es an einer schuldhaften Besitzentziehung. § 992 greift nicht ein, sodass auch für die Beschädigung keine Verantwortlichkeit nach § 823 besteht.

Beispiel 2: B hält sich schuldlos für den Eigentümer eines Fahrrads und nimmt es dem gegenwärtigen Besitzer E eigenmächtig weg. Zu Hause erkennt B infolge leichter Fahrlässigkeit nicht, dass es sich nicht um sein Fahrrad handelt. Er beschädigt das Fahrrad infolge Unachtsamkeit. B hat sich das Fahrrad des E im Wege verbotener Eigenmacht verschafft. Diese war auch verschuldet, da er von einer Einwilligung des E in die Besitzergreifung nicht ausgehen durfte. Im Zeitpunkt der Beschädigung hätte B jedoch erkennen können, dass es sich nicht um sein Fahrrad handelt, sodass er eine schuldhafte Eigentumsverletzung begeht. Nach h.A. reicht es für die Haftung nach §§ 992, 823 aus, wenn die schuldhafte Eigentumsverletzung der verbotenen Eigenmacht zeitlich nachfolgt.

Vielfach fallen verbotene Eigenmacht und Eigentumsverletzung in einem Akt zusammen. Dies ist insbesondere der Fall, wenn der Besitzer hätte erkennen können, dass er nicht Eigentümer der Sache ist. Dann stellt nämlich bereits die Entziehung der Sache eine Eigentumsverletzung dar – unabhängig davon, ob die Sache später noch beschädigt wird.

Beispiel: B hat X zu Ausstellungszwecken eine alte wertvolle Taschenuhr geliehen. X übereignet die Uhr an den gutgläubigen Kunsthändler E. Als B die Uhr im Geschäft des E sieht, nimmt er sie trotz erheblichen Widerspruchs des E an sich. Die Uhr wird bei B infolge Zufalls zerstört. B hat sich durch schuldhaft verbotene Eigenmacht den Besitz an der Uhr verschafft. Mit dem Entzug der Uhr hat er auch eine Eigentumsverletzung begangen. Er hätte bei Anwendung der im Verkehr erforderlichen Sorgfalt erkennen können, dass er nicht mehr Eigentümer der Uhr ist. Da er sich durch unerlaubte Handlung die Uhr verschafft hat, haftet er gemäß § 848 für Zufall.

II. Rechtsfolgen

In § 992 ist ausdrücklich nur die **Schadensersatzhaftung** des deliktischen Besitzers geregelt. Der deliktische Besitzer haftet nach den Grundsätzen der §§ 823 ff. auf alle Schäden, die adäquat kausal durch die Eigentumsentziehung verursacht worden sind. Das ist regelmäßig auch der **Vorenthaltungsschaden**, der sonst nur bei Verzug zu ersetzen ist.

Deliktsbesitzer muss Substanz- und Vorenthaltungsschäden ersetzen.

Auf **Nutzungsherausgabe** haftet der deliktische Besitzer nach h.M. gemäß § 988, da auch eine deliktische Besitzerlangung „unentgeltlich" erfolgt. Allerdings enthält § 988 einen Rechtsfolgenverweis auf die §§ 818 f., sodass sich der Besitzer auf Entreicherung gemäß § 818 Abs. 3 berufen kann.

Deliktsbesitz ist auch „unentgeltlicher Besitz" i.S.d. § 988.

Nach h.M. haftet der unrechtmäßige Besitzer, der sich die Sache durch schuldhaft verbotene Eigenmacht oder durch eine Straftat verschafft hat, deshalb auch gemäß §§ 992, 823 ff. auf Ersatz der Nutzungen und zwar selbst dann, wenn der Eigentümer diese gar nicht gezogen hätte.

E. Die Haftung des redlichen Besitzers

Der wesentliche Zweck des EBV besteht darin, den redlichen (also weder bösgläubigen noch verklagten noch deliktischen) Besitzer gegenüber einer unmittelbaren Haftung aus §§ 823 ff. und §§ 812 ff. zu privilegieren. Gleichwohl gibt es verschiedene Fälle, in denen auch ein redlicher Besitzer dem Eigentümer gegenüber verpflichtet sein soll.

I. Gutgläubiger Eigenbesitzer

Keine Schadensersatzhaftung des unrechtmäßigen gutgläubigen Eigenbesitzers

Derjenige, der ohne grobe Fahrlässigkeit annimmt, er sei Eigentümer der Sache, geht davon aus, dass er nach seinem Belieben auf die Sache einwirken, dass er sie beschädigen, zerstören und weitergeben darf. Daher haftet der gutgläubige Eigenbesitzer, dem die Sache ausgehändigt worden ist, überhaupt nicht auf Schadensersatz.

II. Gutgläubiger Fremdbesitzer

Derjenige, der zwar davon ausgeht, eine Sache rechtmäßig zu besitzen, jedoch weiß, dass die Sache einem anderen gehört, weiß auch, dass er die Sache nicht beschädigen oder zerstören darf (z.B. der Mieter einer Wohnung). Die Haftung des unrechtmäßigen gutgläubigen Fremdbesitzers ist im EBV nur unvollständig geregelt.

Der Gesetzgeber hat den Fall nur im 3-Personen-Verhältnis erkannt (§ 991 Abs. 2); wie Fälle im 2-Personen-Verhältnis zu lösen sind, ist umstritten.

1. Haftung des gutgläubigen Fremdbesitzers im 3-Personen-Verhältnis, § 991 Abs. 2

> **Aufbauschema: Schadensersatzanspruch gegen den gutgläubigen Fremdbesitzer im 3-Personen-Verhältnis, § 991 Abs. 2**
>
> **I.** Bestehen einer Vindikationslage im Zeitpunkt der Tatbestandsverwirklichung
>
> **II.** Gutgläubigkeit des Besitzers
> (sonst Haftung nach §§ 989, 990 Abs. 1)
>
> **III.** Besitzer besitzt für einen anderen (ist Fremdbesitzer)
>
> **IV.** Verschlechterung, Untergang oder Unmöglichkeit der Herausgabe der Sache
>
> **V.** Verantwortlichkeit des unmittelbaren Besitzers gegenüber dem mittelbaren Besitzer
>
> **VI. Rechtsfolge:** Schadensersatz, §§ 249 ff.

Der gutgläubige Besitzer haftet gemäß § 993 Abs. 1 S. 1 Hs. 2 grundsätzlich gegenüber dem Eigentümer nicht auf Schadensersatz. Von diesem Grundsatz macht § 991 Abs. 2 eine Ausnahme: Besitzt der gutgläubige Fremdbesitzer die Sache nicht für den Eigentümer, sondern für einen Dritten, so soll er dem Eigentümer gegenüber haften, soweit er auch dem Dritten gegenüber aus dem Besitzmittlungsverhältnis auf Schadensersatz haften würde. In dieser Situation besteht kein schutzwürdiges Vertrauen des Besitzers, bei Beschädigung der Sache nicht einem anderen gegenüber haften zu müssen.

Sinn und Zweck des § 991 Abs. 2 ist also: Der Fremdbesitzer, der für einen Dritten besitzt, soll auch dem Eigentümer gegenüber in jeder Hinsicht so gestellt werden, als wenn der Vertrag zwischen ihm und dem Eigentümer geschlossen wäre.

Beispiel: Die Haushälterin H „leiht" sich bei der Dame des Hauses eigenmächtig einen kostbaren Pelzmantel. Leider gerät etwas Kaffee auf den Mantel, sodass H ihn in die Reinigung des R bringt. R hält H für die Eigentümerin und reinigt den Mantel. Dabei verwendet er fahrlässiger Weise ein falsches Reinigungsmittel, sodass der gesamte Mantel zerstört wird. R ist unrechtmäßiger gutgläubiger Besitzer und würde daher nach EBV eigentlich nicht auf Schadensersatz haften. Das ist aber unbillig, da er – unterstellt seine Vorstellung, H sei Eigentümerin des Mantels, wäre richtig gewesen – der H gegenüber aus dem Werkvertrag ersatzpflichtig wäre. Deshalb haftet er gemäß § 991 Abs. 2 auch gegenüber der Eigentümerin.

2. Haftung des gutgläubigen Fremdbesitzers im 2-Personen-Verhältnis

Die Haftung des gutgläubigen Fremdbesitzers, der unmittelbar für den Eigentümer besitzt, ist im EBV nicht ausdrücklich geregelt. Der gutgläubige Fremdbesitzer, der aufgrund eines unwirksamen Vertrags für den Eigentümer besitzt, weiß aber, dass er dem Eigentümer gegenüber grundsätzlich für eine schuldhafte Eigentumsverletzung verantwortlich ist, sodass die Privilegierung in § 993 Abs. 1 S. 1 Hs. 2 nicht gelten kann (sogenannter **Fremdbesitzerexzess**). Nach h.M. haftet ein gutgläubiger Fremdbesitzer, der die Grenzen seines vermeintlichen Besitzrechts überschreitet, unmittelbar nach den §§ 823 ff. auf Schadensersatz. Die Gegenansicht wendet § 991 Abs. 2 analog an.

Fremdbesitzerexzess: Der gutgläubige Fremdbesitzer, der die Grenzen seines vermeintlichen Besitzrechts überschreitet, haftet nach h.M. aus §§ 823 ff.

Beispiel: Mieter M, dessen Mietvertrag mit V von ihm nicht erkannt unwirksam ist, beschädigt fahrlässig den Parkettboden der Mietwohnung. Vertragliche Schadensersatzansprüche des V gegen M scheiden angesichts der Unwirksamkeit des Mietvertrages aus. M ist gutgläubiger Besitzer, da er von der Wirksamkeit des Mietvertrags ausgeht. Eigentlich würde das EBV deliktische Ansprüche sperren. Da aber M auch bei Wirksamkeit des Mietvertrags nach § 823 Abs. 1

auf Schadensersatz haften würde, lässt die h.M. ausnahmsweise trotz Vorliegens eines EBV eine deliktische Haftung zu.

III. Nutzungsersatzanspruch gegen den gutgläubigen unentgeltlichen Besitzer, § 988

> **Aufbauschema: Nutzungsersatzanspruch gegen den gutgläubigen unentgeltlichen Besitzer, § 988**
>
> **I.** Bestehen einer Vindikationslage im Zeitpunkt der Nutzung
>
> **II.** Gutgläubigkeit des Besitzers
> (sonst Haftung nach §§ 987, 990 Abs. 1)
>
> **III.** Unentgeltlichkeit der Besitzerlangung (str., ob analoge Anwendung bei rechtsgrundloser Besitzerlangung)
>
> **IV.** Nutzung der Sache
>
> **V. Rechtsfolge:** Herausgabe der vor Rechtshängigkeit gezogenen Nutzungen bzw. Wertersatz nach §§ 812 ff. (ab Rechtshängigkeit greift § 987 ein)

Gemäß **§ 988** haftet der gutgläubige unentgeltliche Besitzer auf Herausgabe von Nutzungen. Dahinter steckt der Gedanke, dass der unentgeltliche Erwerb nicht so schutzwürdig ist, wie ein entgeltlicher Erwerb. Der Besitzer hat kein „Opfer" für den Erhalt der Sache erbracht.

! *Der gleiche Gedanke steckt übrigens hinter § 816 Abs. 1 S. 2, nach dem bei einer unentgeltlichen Verfügung, die dem Berechtigten gegenüber wirksam ist, der unentgeltliche Erwerber das aus der Verfügung erlangte herausgeben muss. Auch nach § 822 ist ein unentgeltlicher Empfänger zur Herausgabe des Erlangten verpflichtet.*

1. Unentgeltlichkeit des Besitzerwerbs

Unentgeltlich erlangt ist der Besitz bei Überlassung durch den Eigentümer aufgrund eines **unentgeltlichen Rechtsgeschäfts**, also insbesondere aufgrund von Schenkung oder Leihe. Unentgeltlich ist nach h.M. aber auch ein eigenmächtiger Besitzerwerb durch den Besitzer, da er für die Besitzerlangung keine Gegenleistung erbringen braucht. Auch derjenige, der sich den Besitz durch verbotene Eigenmacht oder Straftat verschafft, haftet daher nach § 988 auf Herausgabe der Nutzungen.

Die Vorschrift des § 988 gilt dem Wortlaut nach nur für den Eigenbesitzer und den Besitzer, dem ein dingliches Nutzungsrecht zusteht. Über den Wortlaut hinaus wird § 988 jedoch auch auf einen schuldrechtlich Nutzungsberechtigten angewandt.

2. Rechtsgrundlos = unentgeltlich?

Besonders umstritten – und ein Klausurklassiker – ist die Frage, ob § 988 auf den rechtsgrundlosen Besitzerwerb analog anzuwenden ist.

§ 988 analog bei rechtgrundlosem Besitzerwerb?

Dahinter steckt folgende Überlegung: Meist liegt einem Besitzerwerb ein schuldrechtliches Kausalgeschäft zugrunde, z.B. ein Kaufvertrag. Kann der Verkäufer den Kaufvertrag z.B. wegen eines Irrtums anfechten, bleibt die Übereignung in der Regel aber wirksam (Abstraktionsprinzip!). Es liegt deshalb auch kein EBV vor, da der Käufer sowohl Eigentümer als auch Besitzer der Sache ist. Er muss jedoch – auch wenn er gutgläubig war – gemäß **§ 812 Abs. 1 S. 1 Var. 1** die Sache zurückübereignen, herausgeben und **Nutzungsersatz (!)** leisten.

Werden aber beide Geschäfte – sowohl das schuldrechtliche Grundgeschäft, als auch die Übereignung – angefochten (z.B. wegen Fehleridentität), liegt ein EBV vor: Nach Anfechtung (auch) der Übereignung ist der Veräußerer Eigentümer geblieben. Der Käufer ist unrechtmäßiger Besitzer, sodass eine Vindikationslage besteht. War der Käufer jedoch gutgläubig, haftet er nicht auf Nutzungsersatz.

Bei Unwirksamkeit (nur) des schuldrechtlichen Grundgeschäfts müsste der gutgläubige Käufer also Nutzungsersatz leisten, bei Unwirksamkeit (auch) der Übereignung nicht. Dieses Ergebnis wird sowohl von der Rspr. als auch der h.Lit. als unbillig empfunden. Die Lösungswege sind jedoch unterschiedlich:

- Nach der Rspr. ist der **rechtsgrundlose Besitzerwerb dem unentgeltlichen Besitzerwerb gleichzustellen** und daher **§ 988 analog** anzuwenden.

- Die h.L. lehnt die Gleichstellung des rechtsgrundlosen Besitzerwerbs mit dem unentgeltlichen Erwerb ab und wendet die **§§ 812 ff. unmittelbar** an, durchbricht also die Sperrwirkung des EBV.

119

Bei rechtsgrundlosem Besitzerwerb im Zwei-Personen-Verhältnis kommen beide Ansichten zu gleichen Ergebnissen, sodass der Streit keine Auswirkungen hat. Der rechtsgrundlose Besitzer haftet auf Nutzungsersatz.

Bei einem rechtsgrundlosen Besitzerwerb im **Drei-Personen-Verhältnis** wäre eine analoge Anwendung des § 988 jedoch unbillig, da der gutgläubige Besitzer, der eine Gegenleistung an einen Dritten erbracht hat, dem Eigentümer gegenüber schutzlos wäre. Bei unmittelbarer Anwendung der §§ 812 ff. scheitert ein Nutzungsersatzanspruch des Eigentümers aber an der vorrangigen Leistungsbeziehung des Besitzers zu dem Dritten. Deshalb ist die Literaturansicht vorzugswürdig.

Beispiel: E wird ein Pkw gestohlen. Der Dieb D veräußert ihn unter Vorlage gefälschter Papiere für 8.000 € an den gutgläubigen B. Der Kaufvertrag ist unwirksam. Nach einem Jahr stellt sich bei einer Reparatur die Fälschung heraus. E erhält das Fahrzeug zurück. Er verlangt von B Nutzungsersatz, da B den Pkw als Vertreter täglich benutzt hat.

Nach der Rspr. müsste B analog § 988 Nutzungsersatz zahlen: Er war unrechtmäßiger Besitzer und hat den Besitz rechtsgrundlos erlangt, da der Kaufvertrag mit D unwirksam war. Nach der Lit. wäre B grundsätzlich nur gemäß § 812 Abs. 1 S. 1 Alt. 2 (Nichtleistungskondiktion) zum Nutzungsersatz verpflichtet. Wegen der vorrangigen Leistungsbeziehung zu D scheidet der Anspruch aber wegen des Vorrangs der Leistungskondiktion aus.

IV. Herausgabe von Übermaßfrüchten, § 993 Abs. 1

Der gutgläubige Besitzer, der die Nutzungen nicht gemäß §§ 987, 988 herauszugeben hat, muss jedoch die nicht im Rahmen einer ordnungsgemäßen Wirtschaft gezogenen Früchte, die Übermaßfrüchte, nach den Regeln der ungerechtfertigten Bereicherung herausgeben.

Beispiel: V verpachtet an P ein Landgut, zu dem ein großer Wald gehört. Als die Holzpreise steigen, fällt P alle (und nicht nur die schlagreifen) Bäume. Nunmehr stellt sich heraus, dass der Pachtvertrag unwirksam ist. V verlangt von P Wertersatz für die Bäume. Der Anspruch auf Wertersatz ergibt sich aus §§ 993 Abs. 1 Hs. 1, 812, 818 Abs. 1 und Abs. 2. Im Zeitpunkt der Fruchtziehung bestand zwischen V und P ein Eigentümer-Besitzer-Verhältnis, denn der Pachtvertrag war unwirksam. Das Fällen des gesamten Baumbestands ist als Ziehung von Übermaßfrüchten anzusehen (anders, wenn nur der schlagreife Bestand abgeholzt wird).

1. A vertauscht im Lokal leicht fahrlässig seinen Mantel mit dem des E. Ohne Verschulden des A wird der Mantel beschädigt. Kann E von A Schadensersatz verlangen?

2. Wonach haftet der gutgläubige unrechtmäßige Fremdbesitzer, der die Sache vom Eigentümer erhalten hat, im Falle einer Beschädigung?

3. Was sind Nutzungen i.S.d. §§ 987 ff.?

4. Nach welchen Vorschriften haftet der bösgläubige unrechtmäßige Besitzer auf Nutzungsersatz?

5. Welche Nutzungen kann der Eigentümer vom Deliktsbesitzer herausverlangen?

6. Aufgrund welcher Vorschriften kommt ein Nutzungsherausgabeanspruch gegen den unrechtmäßigen gutgläubigen Besitzer in Betracht?

1. Nach h.M. haftet A dem E nach §§ 992, 823 Abs. 1, 848 auf Schadensersatz. Die h.M. verlangt für § 992 eine schuldhafte verbotene Eigenmacht (§ 858 Abs. 1). Diese Voraussetzung ist erfüllt, da A seinen Mantel leicht fahrlässig mit dem Mantel des E vertauscht hat. Da die Besitzbegründung durch A gleichzeitig eine schuldhafte Eigentumsverletzung ist, haftet A gemäß § 848 auch für die zufällige spätere Beschädigung.

2. Nach h.M unmittelbar aus den §§ 823 ff., da es sich um einen Fremdbesitzerexzess handelt. Der unrechtmäßige Besitzer darf hier nicht besser stehen, als der rechtmäßige Fremdbesitzer, der ebenfalls aus den §§ 823 f. haften würde.

3. Nutzungen i.S.d. §§ 987 ff. sind die Früchte einer Sache sowie die Vorteile, die der Gebrauch der Sache gewährt (§ 100). Zu den Früchten gehören die Sachfrüchte und die Rechtsfrüchte (§ 99). Zwar gehören zu den Nutzungen gemäß § 100 auch die Früchte und Gebrauchsvorteile eines Rechts, doch unterliegen Rechte nicht der Vindikation nach § 985 ff., sodass auch der Anwendungsbereich der §§ 987 ff. auf Sachen begrenzt ist.

4. Der bösgläubige Besitzer haftet nach §§ 990 Abs. 1, 987 auf Herausgabe tatsächlich gezogener und schuldhaft nicht gezogener Nutzungen.

5. Auf Nutzungsherausgabe haftet der deliktische Besitzer nach h.M. gemäß § 988, da auch eine deliktische Besitzerlangung „unentgeltlich" erfolgt. Allerdings besteht hier die Möglichkeit der Berufung auf Entreicherung gemäß § 818 Abs. 3. Nach h.M. haftet der Deliktsbesitzer deshalb auch gemäß §§ 992, 823 ff. auf Ersatz der Nutzungen und zwar selbst dann, wenn der Eigentümer diese gar nicht gezogen hätte.

6. Nach § 988 haftet der gutgläubige unentgeltliche Besitzer nach Bereicherungsrecht. Gemäß § 993 Abs. 1 muss jeder gutgläubige Besitzer die „Übermaßfrüchte" herausgeben. Da Gutgläubigkeit und leichte bzw. mittlere Fahrlässigkeit sich nicht ausschließen (Bösgläubigkeit erfordert mindestens grobe Fahrlässigkeit, § 990 Abs. 1), kann der gutgläubige Besitzer auch Deliktsbesitzer sein und daher nach §§ 992, 823 haften.

F. Die Gegenrechte des unrechtmäßigen Besitzers, §§ 994 ff.

Oft gibt ein unrechtmäßiger Besitzer – zumal wenn er sich gutgläubig für den Eigentümer hält – Geld für Reparaturen, Verbesserungen oder Umgestaltungen der Sache aus. Verlangt der Eigentümer die Sache nach § 985 heraus, kommen ihm diese „Verwendungen" zugute. Der unrechtmäßige Besitzer möchte in so einem Fall die von ihm getätigten Investitionen ersetzt haben, während der Eigentümer in der Regel allenfalls Instandsetzungsmaßnahmen bezahlen möchte, die noch wertsteigernd vorhanden und für ihn nützlich sind. Die §§ 994 ff. sollen für einen angemessenen Interessenausgleich Sorge tragen.

I. Anspruch des redlichen Besitzers auf Ersatz notwendiger Verwendungen, § 994 Abs. 1

Der gutgläubige und unverklagte (= redliche) Besitzer soll – wenn er trotz seiner Gutgläubigkeit die Sache des Eigentümers nach § 985 schon herausgeben muss – wenigstens Aufwendungen, die der Sache zugutegekommen sind, vom Eigentümer ersetzt verlangen können.

Aufbauschema: Verwendungsersatzanspruch des redlichen Besitzers, § 994 Abs. 1
I. Bestehen einer Vindikationslage im Zeitpunkt der Verwendung
II. Redlichkeit des Besitzers (keine Bösgläubigkeit, keine Rechtshängigkeit)
III. Vornahme einer Verwendung
IV. Verwendung war Notwendig
V. Rechtsfolge: Ersatz des objektiven Wertes der Verwendung (Kürzung um die gewöhnlichen Erhaltungskosten für die Zeit, in der dem Besitzer die Nutzungen verbleiben)

1. Verwendung

Verwendungen sind **freiwillige Aufwendungen** des Besitzers, die der Sache zugutekommen.

Beispiel: Der Besitzer repariert die Sache oder streicht sie an.

Eine Verwendung liegt vor, wenn der Besitzer eine eigene Sache einfügt, eigene Arbeitskraft aufwendet, die der Sache zugutekommt oder Vermögensopfer erbringt, um die Sache aufzubewahren.

Keine Verwendung ist der vom Besitzer an einen Dritten (z.B. an einen Dieb) gezahlte Kaufpreis, da dieser nicht der Sache zugutekommt.

Umstritten ist allerdings, ob es sich bei Aufwendungen auf die Sache, die diese grundlegend **umgestalten**, um Verwendungen handelt.

Umgestaltungsaufwendungen = Verwendungen?

- ■ Nach dem **engen Verwendungsbegriff** der Rspr. sind Verwendungen alle Maßnahmen, die darauf abzielen, den Bestand der Sache zu erhalten, wieder herzustellen oder zu verbessern, ohne die Sache dabei grundlegend zu verändern oder umzugestalten.

- ■ In der Lit. wird demgegenüber die Auffassung vertreten, dass **alle Vermögensaufwendungen, die der Sache zugutekommen**, Verwendungen i.S.d. §§ 994 ff. sind, auch dann, wenn die Sache grundlegend verändert oder umgestaltet wird **(weiter Verwendungsbegriff)**.

Zur Bedeutung dieser Streitfrage gleich das Beispiel S. 127.

!

2. Notwendigkeit

Notwendig sind Verwendungen, die **bei vernünftiger, wirtschaftlicher Betrachtungsweise – also objektiv – erforderlich sind, um die Sache in ihrem wirtschaftlichen Bestand einschließlich ihrer Nutzungsmöglichkeit zu sichern**. Auch der Eigentümer hätte diese Maßnahmen zum Erhalt der Sache treffen müssen, hätte er sie im Besitz behalten.

Notwendige Verwendungen = objektiv erforderlich

Beispiel: Bei einem Auto ist die Batterie defekt. Die Batterie muss ausgetauscht werden, um das Auto weiter nutzen zu können.

Ersatzfähig sind grundsätzlich auch die **gewöhnlichen Lasten** sowie die **gewöhnlichen Erhaltungskosten**. Das sind die zur Erhaltung der Sache erforderlichen, regelmäßig wiederkehrenden Ausgaben.

Beispiel: Bei einem Auto die Kfz-Steuer oder Kosten einer routinemäßigen Inspektion.

Gemäß § 994 Abs. 1 S. 2 sind dem Besitzer jedoch die gewöhnlichen Erhaltungskosten und gemäß § 995 S. 2 die gewöhnlichen Lasten für die Zeit, für welche ihm die Nutzung verbleibt, nicht zu ersetzen. Der gutgläubige und unverklagte Besitzer kann in aller Regel die gewöhnlichen Erhaltungskosten und Lasten daher nicht ersetzt verlangen, da er nicht verpflichtet ist, die Nutzungen herauszugeben. Etwas anderes gilt nur, wenn er (ausnahmsweise) die Nutzungen herausgeben muss, wie z.B. bei unentgeltlichem Besitzerwerb (§ 988).

! *Der Gedanke dieser Regelung ist: Wenn dem Besitzer der Gebrauchsvorteil der Sache verbleibt, dann soll er nicht auch noch zusätzlich die gewöhnlichen Kosten der Benutzung ersetzt verlangen können, denn dann stünde er besser, als wenn er tatsächlich ein Recht zum Besitz gehabt hätte.*

II. Anspruch des redlichen Besitzers auf Ersatz nützlicher Verwendungen, § 996

Aufbauschema: Verwendungsersatzanspruch des redlichen Besitzers, § 996
I. Bestehen einer Vindikationslage im Zeitpunkt der Verwendung
II. Redlichkeit des Besitzers (keine Bösgläubigkeit, keine Rechtshängigkeit)
III. Vornahme einer Verwendung
IV. Nützlichkeit der Verwendung
V. Rechtsfolge: Ersatz des objektiven Wertes der Verwendung

Nützliche Verwendungen = Wertsteigerungen

Nützliche Verwendungen sind alle Vermögensaufwendungen auf die Sache, die deren **Wert steigern** und/oder **die Gebrauchsfähigkeit** erhöhen. Es sind also nicht die **tatsächlichen Kosten** der vermögenswerten Maßnahme entscheidend, sondern die tatsächlich eingetretene **Wertsteigerung**, die für den Eigentümer nützlich ist.

Beispiel: Ein Auto, dessen Lack schon etwas stumpf geworden ist, wird neu lackiert. Die Lackierung kostet 1.000 €, der Wert des Autos steigt aber nur um 500 €. Ersatzfähig ist nur die Wertsteigerung um 500 €.

Umstritten ist allerdings, ob die Wertsteigerung objektiv oder subjektiv zu ermitteln ist:

■ Nach e.A. wird darauf abgestellt, inwieweit die Verwendung gerade für den Eigentümer – **subjektiv** – vorteilhaft ist. Der Eigentümer solle keinen Verwendungsersatz für Verwendungen leisten müssen, die ihm nicht nützen.

■ Nach wohl h.M. ist jedoch der – **objektive** – Verkehrswert entscheidend. Beim Verwendungsersatzanspruch müsse das Entschädigungsinteresse des Besitzers beachtet werden. Der Eigentümer sei bei einem gutgläubigen und unverklagten Besitzer nicht einmal vor einer Zerstörung der Sache geschützt.

Beispiel: Der redliche B dressiert den Wachhund des E mit hohen Kosten. Ein Zirkus würde für den Hund einen hohen Preis zahlen. E ist jedoch Bauer und braucht den Hund nur zur Bewachung. Objektiv ist eine erhebliche Wertsteigerung des Hundes eingetreten, während die Dressur subjektiv für E keinen Nutzen hat. Nach h.M. ist aber der objektive Wert zu ersetzen.

Nicht ersatzfähig sind jedoch sogenannte **Luxusverwendungen**. Bei Luxusverwendungen handelt es sich im Regelfall um reine Verschönerungsmaßnahmen bzw. Anbringung von Prestigeobjekten. Bezüglich dieser Verwendungen steht dem unrechtmäßigen Besitzer jedoch ggf. gemäß **§ 997 Abs. 1** ein **Wegnahmerecht** zu.

Luxusverwendungen sind nicht ersatzfähig.

III. Verwendungsersatzanspruch des bösgläubigen oder verklagten Besitzers, § 994 Abs. 2

§ 994 Abs. 2 verweist für Verwendungsersatzansprüche des bösgläubigen oder verklagten Besitzers auf die **Geschäftsführung ohne Auftrag** (§§ 677 ff.). Dabei handelt es sich um eine sogenannte **partielle Rechtsgrundverweisung**: Die Voraussetzungen der GoA müssen prinzipiell vorliegen, bis auf den Fremdgeschäftsführungswillen, da ansonsten die Verweisung praktisch kaum zu einem Anspruch führen würde.

Aufbauschema: Verwendungsersatzanspruch des bösgläubigen/verklagten Besitzers, § 994 Abs. 2
I. Bestehen einer Vindikationslage im Zeitpunkt der Verwendung
II. Bösgläubigkeit des Besitzers oder Rechtshängigkeit des Herausgabeanspruchs
III. Vornahme einer Verwendung
IV. Verwendung war notwendig
V. Voraussetzungen der GoA (insbesondere § 683 S. 1):   **1.** Verwendung entspricht objektiv dem Interesse des Eigentümers   **2.** Verwendung entspricht subjektiv dem tatsächlichen oder mutmaßlichen Willen des Eigentümers
VI. Rechtsfolge: Ersatz des Wertes der Verwendung, § 670   Falls Voraussetzungen des § 683 S. 1 nicht vorliegen: Herausgabe einer Bereicherung des Eigentümers nach §§ 684, 812

■ Der Bösgläubige oder Verklagte erhält daher gemäß § 994 Abs. 2 die notwendigen Verwendungen nach den Regeln der GoA ersetzt, wenn sie dem **Interesse und dem tatsächlichen**

oder mutmaßlichen Willen des Eigentümers entsprechen (§§ 683 S. 1, 670).

- Sind die Verwendungen **nicht interessen- und willensgemäß**, so kann der bösgläubige Besitzer Ersatz der Verwendungen gemäß **§§ 994 Abs. 2, 684** nach den Regeln des **Bereicherungsrechts** verlangen (Rechtsfolgenverweis).

IV. Wegnahmerecht des Besitzers, § 997

Ist eine Sache, die der Besitzer mit der Hauptsache des Eigentümers verbunden hat, nicht wesentlicher Bestandteil geworden, bedarf es keines Wegnahmerechts des Besitzers, da ihm der Eigentumsherausgabeanspruch aus § 985 zusteht.

Das Wegnahmerecht nach § 997 bietet – sowohl dem redlichen als auch dem bösgläubigen oder verklagten – Besitzer die Möglichkeit, den Beschränkungen bei der Geltendmachung seiner Verwendungsersatzansprüche zu entgehen. Er kann eine Sache, die er mit der Hauptsache des Eigentümers als wesentlichen Bestandteil verbunden hat, abtrennen und sich aneignen.

Abwendungsbefugnis

Der Eigentümer kann die Wegnahme gemäß **§ 997 Abs. 2** dadurch abwenden, dass er dem Besitzer den Wert ersetzt, den der Bestandteil nach der Wegnahme haben würde. Eine Wegnahme ist daher auch ausgeschlossen, wenn der Bestandteil für den Besitzer keinen Nutzen hätte, also wertlos wäre.

Kommt es zu einer Wegnahme, trägt der Besitzer gemäß § 258 die Kosten der Wegnahme und die Kosten, die erforderlich sind, um die Sache des Eigentümers wieder in den Zustand vor Vornahme der Verwendungen zu versetzen.

V. Sonderproblem: Konkurrenz der §§ 994 ff. zu §§ 951, 812

Eine Verwendung liegt auch vor, wenn der Besitzer eine eigene Sache mit der Sache des Eigentümers verbindet und dabei einen Rechtsverlust nach den §§ 994 ff. erleidet.

Beispiel: Der Besitzer streicht die Sache des Eigentümers neu an. Der Eigentümer wird gemäß § 947 Abs. 2 kraft Gesetzes auch Eigentümer der verwendeten Farbe.

§ 993 Abs. 1 Hs. 2 regelt nur eine Sperrwirkung des EBV im Hinblick auf Schadens- und Nutzungsersatz. Das Verhältnis der Verwendungsersatzansprüche zum Bereicherungsrecht ist nicht ausdrücklich geregelt.

Die Konkurrenz zwischen den §§ 994 ff. und einem Entschädigungsanspruch nach §§ 951, 812 ist praktisch nicht bedeutsam, wenn der Besitzer einen Verwendungsersatzanspruch gegen den Eigentümer nach den §§ 994 ff. hat. Probleme ergeben sich, wenn dem Besitzer nach §§ 994 ff. eigentlich kein Anspruch zustehen würde, der Entschädigungsanspruch nach §§ 951, 812 tatbestandlich aber gegeben wäre. Dies kann insbesondere der Fall sein, wenn es sich um **Umgestaltungsaufwendungen** handelt, die – jedenfalls nach der Rspr. – gar keine Verwendungen darstellen.

■ Nach der Rspr. und Teilen der Lit. enthalten auch die §§ 994 ff. eine **abschließende Sonderregelung** bezüglich der Verwendungsersatzansprüche des unrechtmäßigen Besitzers gegenüber dem Eigentümer. Durch eine ergänzende Anwendung der §§ 812 ff. würde das differenzierte Haftungssystem der §§ 994 ff. unterlaufen. Während der Besitzer nach Bereicherungsrecht auch bei grob fahrlässiger Verkennung seines Besitzrechts Wertersatz verlangen könnte, kommt nach § 994 Abs. 2 nur ein Ersatz für notwendige Verwendungen in Betracht.

■ Ein Teil der Lit. geht demgegenüber davon aus, dass neben den §§ 994 ff. jedenfalls §§ 951, 812 anwendbar sind. Es sei nicht gerechtfertigt, den unrechtmäßigen Besitzer, der Verwendungen tätigt, schlechter zu stellen als den nicht besitzenden Verwender. Ferner sei es unbillig, wenn der Eigentümer vor Kondiktionsansprüchen verschont bleibe, obwohl er die eingetretene Wertsteigerung realisiere.

Beispiel: Der B nimmt grob fahrlässig an, Eigentümer eines Grundstücks zu sein, das in Wahrheit E gehört. Er bebaut das Grundstück mit einem Haus im Wert von 300.000 €.

E kann das Grundstück samt Haus gemäß **§ 985** herausverlangen, da das Haus gemäß §§ 946, 94 Abs. 1 in sein Eigentum übergegangen ist.

Ein Verwendungsersatzanspruch des E gemäß **§ 996** scheitert nach der Rspr. schon daran, dass es sich bei dem Bau eines Hauses um eine grundlegende **Umgestaltung** des Grundstücks und damit schon nicht um eine Verwendung handelt.

Wenn **§§ 951, 812** trotz Bestehens einer Vindikationslage anwendbar sind, kann B Wertersatz verlangen; wenn die §§ 994 ff. eine abschließende Sonderregelung enthalten, hat B keinen Anspruch gegen E.

*Das ganze Problem stellt sich nicht, wenn man mit der Lit. dem **weiten Verwendungsbegriff** folgt: Dann besteht ein Ersatzanspruch des redlichen Besitzers nach § 996, nicht aber des bösgläubigen – und nicht schutzwürdigen – Besitzers. Konsequenter Weise muss man dann natürlich eine konkurrierende Anwendung der §§ 951, 812 ablehnen.* **!**

1. Was sind Verwendungen?

1. Verwendungen sind Aufwendungen, die der Sache zugutekommen, also alle Maßnahmen, die darauf abzielen, den Bestand der Sache zu erhalten, wiederherzustellen oder zu verbessern.

2. Was sind notwendige Verwendungen?

2. Verwendungen sind „notwendig", wenn sie objektiv erforderlich sind, um die Sache zu erhalten oder die Ertragsfähigkeit bzw. Nutzungsmöglichkeit zu sichern.

3. Was sind nützliche Verwendungen?

3. „Nützliche" Verwendungen sind alle nicht notwendigen Vermögensaufwendungen auf die Sache, die deren Wert steigern und/oder die Gebrauchsfähigkeit erhöhen.

4. Welche Verwendungen erhält der gutgläubige Besitzer ersetzt?

4. Der gutgläubige Besitzer erhält alle notwendigen Verwendungen gemäß § 994 Abs. 1 sowie nützliche Verwendungen gemäß § 996 ersetzt, muss aber die gewöhnlichen Erhaltungskosten tragen, da ihm auch die Nutzungen verbleiben, § 994 Abs. 1 S. 2.

5. Welche Verwendungen erhält der bösgläubige/verklagte Besitzer?

5. Er erhält gemäß § 994 Abs. 2 nur notwendige Verwendungen einschließlich gewöhnlicher Erhaltungskosten, wenn sie dem Interesse und dem (mutmaßlichen) Willen des Eigentümers entsprechen; andernfalls besteht nur ein Bereicherungsanspruch, §§ 994 Abs. 2, 684.

4. Abschnitt: Unterlassungs- und Beseitigungsanspruch, § 1004

> ## Aufbauschema: Unterlassungs-/Beseitigungsanspruch des Eigentümers, § 1004
>
> **I.** Anspruchsteller = **Eigentümer**
>
> **II.** Bestehende oder drohende **Beeinträchtigung des Eigentums** (nicht: Entziehung – § 985; str., ob bei Beschädigung)
>
> **III. Keine Duldungspflicht**, § 1004 Abs. 2
>
> **IV.** Anspruchsgegner = **Störer**
>
> **V. Rechtsfolge:** Der Anspruchsteller kann die **Beseitigung** der eingetretenen Störung verlangen oder die **Unterlassung** der drohenden Beeinträchtigung.

A. Anspruchsteller = Eigentümer

§ 1004 gilt bei der Beeinträchtigung des Eigentums beweglicher und unbeweglicher Sachen. Nur schuldrechtlich berechtigte Personen (z.B. Mieter) können den Anspruch aus § 1004 nicht geltend machen. Ihnen steht bei Beeinträchtigungen aber ggf. der Anspruch aus § 862 zu.

!

*§ 1004 wird analog angewandt für die Fälle der Beeinträchtigung der in § 823 Abs. 1 und § 823 Abs. 2 geschützten Rechtsgüter – (sogenannter **quasi-negatorischer Beseitigungs- und Unterlassungsanspruch**). Der Grund für diese Analogie besteht in Folgendem: Wenn bei einer drohenden Beschädigung des Eigentums nicht abgewartet werden muss, bis die Beschädigung eingetreten ist und dann nach § 823 Schadensersatz verlangt werden kann, sondern § 1004 einen „vorbeugenden" Schutz gewährt, dann muss dies für die anderen Rechtsgüter des § 823 (z.B. Leben!) erst recht gelten. Insoweit gibt es aber keine spezielle Anspruchsgrundlage, sodass auf eine Analogie zu § 1004 zurückgegriffen wird. Einzelheiten dazu im AS-Basiswissen Gesetzliche Schuldverhältnisse.*

B. Eigentumsbeeinträchtigung

Eine Eigentumsbeeinträchtigung liegt immer vor, wenn die uneingeschränkte Herrschaftsmacht des Eigentümer (§ 903) eingeschränkt wird.

I. Entziehung der Sache

Wird dem Eigentümer die Sache **weggenommen** bzw. **vorenthalten**, liegt eigentlich auch ein Eingriff in § 903 vor. In diesem Fall hat

Bei Entziehung der Sache ist § 985 vorrangig.

129

der Eigentümer jedoch einen Herausgabeanspruch nach **§ 985**, sodass § 1004 diesen Fall ausdrücklich ausnimmt.

II. Beschädigung der Sache

Bei Beschädigung der Sache sind die §§ 823 ff. vorrangig.

Auch die Beschädigung einer Sache greift in die Herrschaftsmacht des Eigentümers aus § 903 ein. Die Wiederherstellung des ursprünglichen Zustands nach einer Beschädigung (= Naturalrestitution, § 249) schuldet der Schädiger nach den Grundsätzen des Deliktsrechts jedoch nur bei **Verschulden** (vgl. **§ 823**). Die Verschuldensabhängigkeit des Schadensersatzrechts darf nicht durch den verschuldensunabhängigen Anspruch aus § 1004 „ausgehebelt" werden. Trotzdem stellt eine Beschädigung eine Eigentumsbeeinträchtigung i.S.d. § 1004 dar, da andernfalls auch eine drohende Beschädigung nicht durch einen (vorbeugenden) Unterlassungsanspruch abgewendet werden könnte. Die (schwierige) Abgrenzung zwischen „Störungsbeseitigung" einerseits und „Naturalrestitution" andererseits muss deshalb auf der Rechtsfolgenseite vorgenommen werden.

III. Unbefugte Nutzung der Sache

Eine Eigentumsbeeinträchtigung stellt die unbefugte Nutzung der Sache bzw. die Vereitelung der Nutzung durch den Eigentümer dar.

Beispiele: A stellt seinen Liegestuhl in den Garten des E oder er parkt die Einfahrt des E zu, sodass dieser sein Auto nicht mehr nutzen kann.

IV. Besondere Störungen bei Grundstücken

§ 1004 hat eine erheblich größere Bedeutung für Grundstücke, als für bewegliche Sachen. Störungen eines Grundstücks liegen insbesondere vor, wenn

- **wägbare** Stoffe auf das Grundstück des Eigentümers gelangen, sogenannte grenzüberschreitende Grobimmissionen (z.B. Steine fliegen von einem Steinbruch durch Sprengungen auf das Nachbargrundstück),

- **unwägbare** Stoffe grenzüberschreitend auf das Grundstück des Eigentümers gelangen, § 906 (z.B. Rauch eines Grills).

V. Keine Störung bei ideellen Einwirkungen

Um eine Störung handelt es sich, wenn – wägbare oder unwäg-   Ideelle Einwirkungen (–)
bare – Stoffe die Grundstücksgrenze überschreiten, also bei soge-
nannten **grenzüberschreitenden Immissionen**. Sehr umstritten
ist dagegen, ob auch „ideelle Einwirkungen" als Eigentumsbeeinträchtigungen i.S.d. § 1004 anzusehen sind, weil es sich insoweit
nicht um grenzüberschreitende Immissionen unwägbarer oder
wägbarer Stoffe handelt, sondern um Beeinträchtigungen des see-
lischen Empfindens des Eigentümers durch Vorgänge oder Zustän-
de auf dem Nachbargrundstück.

Beispiele: A betreibt auf ihrem Grundstück ein Bordell. Der Grundstücksnach-
bar E will dagegen vorgehen, weil er befürchtet, dass seine minderjährigen Kinder sittlich gefährdet werden. B eröffnet in der Nähe eines Schlosshotels eine
Autohalle und unterhält dort einen Abstellplatz für schrottreife Kfz.

- Nach der Rspr. und einem Teil der Lit. ist die Auslegung des Be-
  griffs der Eigentumsbeeinträchtigung an dem Einwirkungsbe-
  griff des § 906 orientiert. § 1004 soll ebenso wie § 906 nicht eingreifen, wenn auf dem Nachbargrundstück nur das Schamge-
  fühl oder das ästhetische Empfinden verletzende Vorgänge
  sichtbar werden.

- Die Gegenansicht in der Lit. geht davon aus, dass bei der Prüfung der Frage, ob eine Einwirkung eine Eigentumsbeeinträchtigung i.S.d. § 1004 darstellt, nicht von § 906, sondern von § 903
  auszugehen ist. Danach kann grundsätzlich jede Einwirkung auf
  die Sache, durch die die Nutzung beeinträchtigt wird, eine Eigentumsbeeinträchtigung darstellen, und zwar unabhängig
  davon, ob unwägbare oder wägbare Stoffe auf die Sache einwirken.

VI. Keine Störung bei negativen Einwirkungen

Eine negative Einwirkung liegt vor, wenn jemand sein Grundstück   Negative Einwirkungen (–)
innerhalb der Grenzen seiner Eigentumsbefugnisse nutzt und da-
durch mittelbare Nachteile für das Nachbargrundstück entstehen,
insbesondere erwünschte natürliche Einflüsse wie Licht, Luft, Funk-
wellen usw. fernhält. Die negativen Einwirkungen stellen nach der
h.M. keine Eigentumsbeeinträchtigung i.S.d. § 1004 dar.

Beispiel: E errichtet entsprechend dem Bebauungsplan ein Hochhaus; dadurch werden dem B, der Eigentümer eines älteren Einfamilienhauses ist, Licht
und Sicht genommen.

C. Keine Duldungspflicht

Die Beseitigung oder Unterlassung der Beeinträchtigung ist ausgeschlossen, wenn kraft privaten oder öffentlichen Rechts eine Duldungspflicht besteht, § 1004 Abs. 2.

Privatrechtliche Duldungspflichten können sich aus Rechtsgeschäft oder Gesetz ergeben. Der Eigentümer kann sich im Rahmen der Vertragsfreiheit verpflichten, bestimmte Maßnahmen zu dulden bzw. Immissionen hinzunehmen. Gesetzliche Duldungspflichten können insbesondere bei Grundstücken bestehen (z.B. §§ 906, 912, 917).

Ferner kann eine Duldungspflicht kraft **öffentlich-rechtlicher Vorschriften, kraft Verwaltungsakts (VA)** oder aus **überwiegendem öffentlichen Interesse** bestehen.

D. Anspruchsgegner = Störer

Nur der Störer ist zur Beseitigung oder Unterlassung einer Störung verpflichtet. Hinsichtlich des Störerbegriffs ist zu differenzieren:

- Wer durch sein Handeln die nicht zu duldende Störung verursacht hat, ist **Handlungsstörer**.

- Wer für die von einer Sache ausgehende Störung verantwortlich ist, ist **Zustandsstörer**.

I. Handlungsstörer

Handlungsstörer ist, wer die Eigentumsbeeinträchtigung durch sein Verhalten, also durch **aktives Tun** oder **pflichtwidriges Unterlassen** adäquat kausal verursacht hat.

Problematisch sind nur Fälle, in denen die Störung von mehreren Personen verursacht wird. Grundsätzlich haftet jeder Störer für „seinen Tatbeitrag". Ist die Störung durch das Zusammenwirken mehrerer Personen verursacht worden, haften alle Störer auf Beseitigung der gesamten Störung als Gesamtschuldner:

Beispiel: Werden störende Arbeiten durch einen selbstständigen Unternehmer im fremden Auftrag ausgeübt, so sind grundsätzlich beide – Unternehmer und Besteller – Störer. Die Störung des Werkunternehmers ergibt sich aus seiner Tätigkeit direkt (er verursacht z.B. störenden Lärm durch seine Arbeiten). Der Besteller hat die störenden Arbeiten in Auftrag gegeben und dadurch adäquat kausal die Störung verursacht.

Beispiel: Der Eigentümer ist neben dem Mieter des Grundstücks, von dem die Beeinträchtigung ausgeht, dann verantwortlich, wenn er dem Mieter das

Grundstück mit der Erlaubnis zu diesen Handlungen überlässt oder in Kenntnis der Beeinträchtigungen nicht gegen die störende Benutzung des Grundstücks einschreitet.

II. Zustandsstörer

Zustandsstörer ist derjenige, der die Herrschaft über eine Gefahr bringende Sache ausübt, durch die die Störung allein verursacht oder mitverursacht wird. Dies ist in erster Linie der für den Zustand der Sache regelmäßig verantwortliche Eigentümer, aber auch ein Fremdbesitzer, dem die Störung zuzurechnen ist. Dabei reicht allerdings der Umstand des Eigentums oder des Besitzes an der störenden Sache nicht aus. Nach h.M. ist erforderlich, dass der eigentumsbeeinträchtigende Sachzustand zumindest **mittelbar auf den Willen des Anspruchsgegners zurückzuführen** ist. In neuerer Zeit stellt die Rspr. ergänzend darauf ab, ob es Sachgründe gibt, dem Eigentümer der störenden Sache die Verantwortung für die Beeinträchtigungen aufzuerlegen.

Besonders umstritten ist die Störereigenschaft bei sogenannten **natürlichen Immissionen** (z.B. Baumwurzeln, die eine Abwasserleitung des Nachbarn beschädigen; Lärmbelästigung durch das nächtliche Quaken von Fröschen in einem Gartenteich) und bei **technischem Versagen** (Brand aufgrund technischen Defekts; Rohrbruch).

1. Natürliche Immissionen

Nicht abwehrfähig sind zunächst Beeinträchtigungen, die **ausschließlich auf Naturereignisse** zurückzuführen sind, und nicht durch Handlungen des Eigentümers, die eine konkrete Gefahrenquelle für das Nachbargrundstück geschaffen haben, mitverursacht wurden.

Beispiel: Auf dem Grundstück des S steht eine 14 Jahre alte Lärche. Diese Lärche ist in erheblichem Umfang von Wollläusen befallen, die auf die Kiefern des Eigentümers E übergegriffen haben. E verlangt von S Beseitigung nach § 1004. S ist nicht Störer, weil das Übergreifen der Wollläuse ausschließlich auf Naturereignisse zurückzuführen ist und S nicht willentlich Ursachen für die Beeinträchtigung gesetzt hat.

Beispiel: E und S sind Eigentümer aneinander grenzender Hanggrundstücke. Vom Grundstück des S lösen sich wiederholt Steine, die auf das Grundstück des E fallen. Auf dem Hanggrundstück des S hat dieser früher einen Steinbruch betrieben. S ist Störer: Er hat durch sein Handeln, nämlich durch den Betrieb des Steinbruchs, die Ursache für das Lösen der Steine gesetzt. Er ist somit für den beeinträchtigenden Zustand verantwortlich.

Beispiel: S ist Eigentümer eines Grundstücks, auf welchem er einen Gartenteich angelegt hat. In diesem Teich haben sich Frösche angesiedelt, durch deren Quaken die Grundstücksnachbarn insbesondere in ihrer Nachtruhe erheblich gestört werden. S ist Störer i.S.v. § 1004, da er die Lärmeinwirkung – das Froschquaken – durch das Anlegen und Unterhalten des Teichs mitverursacht hat.

Die neuere Rspr. knüpft zwar weiterhin daran an, dass Beeinträchtigungen, die ausschließlich auf Naturkräften beruhen, grundsätzlich nicht abwehrfähig sind, erweitert die Zustandshaftung aber um Fälle, in denen sich **aus den Wertungen des Nachbarrechts eine „Sicherungspflicht"** ergibt. Eine Zustandshaftung ist deshalb in Fällen von natürlichen Immissionen auch dann anzunehmen, wenn zwar keine Handlungen des Eigentümers vorliegen, die eine konkrete Gefahrenquelle für das benachbarte Grundstück geschaffen haben, sich aber aus dem nachbarschaftlichen Gemeinschaftsverhältnis eine Pflicht zur Verhinderung möglicher Beeinträchtigungen ergibt. Ob eine solche Sicherungspflicht besteht, ist nach der Verkehrsauffassung und den speziellen nachbarrechtlichen Konfliktlösungsregeln der §§ 903 ff. zu beurteilen.

Beispiel: Vom Grundstück des S sind Wurzeln über die Grundstücksgrenze gewachsen und haben die Gehwegplatten, die auf dem Weg zum Hauseingang des E liegen, angehoben. S ist nach der Rspr. Störer: Obwohl das Wurzelwachstum allein auf Naturkräften beruht, ergibt sich aus der Wertung des § 910, dass der Eigentümer dafür Sorge trage, dass die Baumwurzeln nicht über die Grenzen seines Grundstücks hinauswachsen.

2. Technisches Versagen

Die „Sicherungspflicht-Theorie" für Beeinträchtigungen durch Naturkräfte wird übertragen auf Fälle „technischen Versagens". Auch in diesen Fällen ist nach den Wertungskriterien des gesetzlichen Nachbarrechts zu ermitteln, ob der Eigentümer für den gefahrträchtigen Zustand seines Grundstücks verantwortlich ist.

Beispiel: Die Stadtwerke S betreiben privatrechtlich im öffentlichen Straßenraum eine Wasserversorgungshauptleitung, die entlang der Grundstücksgrenze des E verläuft. Aufgrund eines Rohrbruchs wurde das Grundstück des E überschwemmt und dadurch ein erheblicher Schaden an den aufstehenden Gebäuden sowie den darin enthaltenen Maschinen verursacht. S ist Störer: Aus § 838 – der nicht nur für oberirdische Gebäude, sondern auch für im Boden verlegte Abwasserleitungen gilt – trifft den Eigentümer eine Sicherungspflicht. Ein Rohrbruch und die hierdurch verursachte Überschwemmung ist vermeidbar und nicht die Folge eines von niemandem zu beherrschenden Naturereignisses.

E. Rechtsfolge: Beseitigung oder Unterlassung

I. Beseitigung, § 1004 Abs. 1 S. 1

Rechtsfolge einer bereits eingetretenen Störung ist die Beseitigung der Störung. Die Beseitigung einer Störung lässt sich u.U. nur sehr schwierig von einem Schadensersatzanspruch abgrenzen.

Beispiel: Beim Fußballspielen fliegt ein Ball durch eine Fensterscheibe und zerstört sie. Der Schütze ist aus § 1004 Abs. 1 S. 1 verpflichtet, den Fußball zu entfernen. Die Reparatur der Scheibe schuldet er aber nur bei Verschulden nach § 823.

Streng genommen muss der Störer daher nur die „Störungsquelle" beseitigen, nicht aber den früheren Zustand wiederherstellen.

Nach der Rspr. kann die Pflicht des Störers über eine reine Beseitigung der Störungsquelle aber auch hinausgehen: Es sei oft sachgerechter, die Risiken von Eigentumsbeeinträchtigungen und Störungen den Verursacher tragen zu lassen, als den gestörten Eigentümer.

Beispiel: Vom Grundstück des N dringen Wurzeln in ein Abwasserrohr des E. Das Wasserrohr wird beschädigt und verstopft. Unstreitig muss E die Wurzeln gemäß § 1004 Abs. 1 S. 1 beseitigen. Benutzbar ist das Wasserrohr dadurch aber noch nicht, da es jetzt ein Loch hat. Nach Ansicht der Rspr. muss E auch das Loch schließen: Die eigentliche Störung bestehe weniger in dem Eindringen der Wurzeln in das Grundstück des E als vielmehr in der dadurch bedingten Funktionsunfähigkeit des Abwasserrohrs. Diese müsse wiederhergestellt werden, was notwendigerweise eine Reparatur des Rohres umfasse.

II. Unterlassung, § 1004 Abs. 1 S. 2

§ 1004 Abs. 1 S. 2 gibt einen materiellen Anspruch auf Unterlassung. Dem Wortlaut nach muss eine „weitere Beeinträchtigung zu besorgen" sein. Danach könnte man meinen, dass eine Störung des Eigentums stattgefunden haben muss (Wiederholungsgefahr). Der Eigentümer muss jedoch nicht abwarten, bis sein Eigentum beeinträchtigt wird. Für den Unterlassungsanspruch genügt die konkrete Gefahr, dass eine Beeinträchtigung des Eigentums erfolgen wird (Erstbegehungsgefahr).

1. Unter welchen Voraussetzungen steht dem Eigentümer ein Abwehranspruch aus § 1004 zu?

1. Der Eigentümer, dessen Eigentum in anderer Weise als durch Entziehung oder Vorenthaltung des Besitzes beeinträchtigt wird, kann gemäß § 1004 Abs. 1 von dem Störer die Beseitigung der gegenwärtigen und die Unterlassung der drohenden Beeinträchtigungen verlangen. Der Anspruch ist nach § 1004 Abs. 2 ausgeschlossen, wenn der Eigentümer zur Duldung verpflichtet ist.

2. Kann der Anspruch aus § 1004 Abs. 1 auch dann bestehen, wenn noch gar keine Eigentumsbeeinträchtigung stattgefunden hat, aber eine solche droht?

2. Nach allg. Ansicht setzt § 1004 Abs. 1 S. 2 trotz seines missverständlichen Wortlauts nicht voraus, dass eine Eigentumsbeeinträchtigung schon stattgefunden hat. § 1004 ist danach auch bei ernsthaft drohender Erstbeeinträchtigung anwendbar; Argument: Sonst wäre der Eigentumsschutz lückenhaft.

3. Fallen Schäden an einer Sache unter den Begriff der Eigentumsbeeinträchtigung?

3. Nach einer Ansicht ist dies zu verneinen, da ansonsten durch den verschuldensunabhängigen Beseitigungsanspruch die Voraussetzungen des verschuldensabhängigen Schadensersatzanspruchs aus § 823 umgangen würden. Nach der h.M. hingegen stellt auch ein Schaden eine Eigentumsbeeinträchtigung i.S.d. § 1004 dar; eine sachgerechte Abgrenzung von Deliktsrecht und Beseitigungsanspruch müsse auf der Rechtsfolgenseite von § 1004 vorgenommen werden.

4. Wer ist „Handlungsstörer" i.S.v. § 1004?

4. Handlungsstörer ist, wer die Eigentumsbeeinträchtigung durch sein Verhalten (aktives Tun oder pflichtwidriges Unterlassen) adäquat kausal verursacht hat.

5. Wer ist „Zustandsstörer" i.S.v. § 1004?

5. Zustandsstörer ist, wer die Herrschaft über die gefahrbringende Sache ausübt, durch welche die Störung allein- oder mitverursacht wird. Der eigentumsbeeinträchtigende Sachzustand muss aber zumindest mittelbar auf den Willen des Anspruchsgegners zurückzuführen sein oder es muss Sachgründe geben, dem Eigentümer der störenden Sache die Verantwortung für die Beeinträchtigungen aufzuerlegen.

6. A errichtet ein Hochhaus. Hierdurch wird der Fernsehempfang des Nachbarn N erheblich gestört. Kann N gemäß § 1004 von A Beseitigung der Beeinträchtigung verlangen?

6. Es handelt sich hierbei um sogenannte „negative" Einwirkungen, d.h. das Abhalten erwünschter Einwirkungen vom Grundstück. Es liegt keine Eigentumsbeeinträchtigung vor, da keine „Zuführung" von Stoffen oder eine „ähnliche" Einwirkung vorliegt.